Lograr la venta a particulares

Modo de empleo

Lograr la venta a particulares

particulares

Modo de empleo

Antonio Carrozza

Lograr la venta a particulares, Modo de empleo

Por Antonio Carrozza

Diseño de la cubierta: Antonio Carrozza

Traducción: Alexandra Sanchez

Todos los derechos reservados
Depósito legal : junio 2010
ISBN : 978-2-918008-00-2

En esta guía pueden no incluirse modificaciones de última hora y tener algunos errores o omisiones, por favor, discúlpenos.

A mi amigo, Germán Pacchioni

Agradecimiento

Les doy las gracias sobre todo a mis tres hijos y a mi mujer, así que a mis padres por su paciencia y su apoyo.

Índice

SEGUNDA PARTE

LAS TIPOLOGÍAS

TERCERA PARTE

LOS ARGUMENTOS EN CONTRA DE LA VENTA Y COMO SUPERARLOS

CUARTA PARTE

QUINTA PARTE

ESTUDIOS DE CASO

Introducción

Encontrará numerosos libros que tratan de los sistemas de venta, de los métodos de venta, de los análisis de clientela, de los métodos de cierre de trato, etc. Todas esas obras tienen un punto en común: abarcan las técnicas de venta como si los seres humanos fuesen robots, es decir como si pensasen todos de la misma manera.

¡Qué lástima! para esas técnicas y ¡qué suerte! para la humanidad, que cada ser humano sea diferente. Efectivamente difieren los orígenes, la clase social, la cultura..., Pero, a pesar de esas diferencias, los unos y los otros tenemos comportamientos típicos cuando actuamos, hallamos rasgos de caracteres idénticos, puntos comunes de personalidades, en cada uno, que se encuentre en el norte del sur o al oeste del este.

Hipócrates, como luego otros muchos personajes, identificó cuatro grandes tipologías en los hombres. Cada ser humano corresponde a una tipología bien definida predominante, es decir que en cada uno de nosotros existen rasgos más o menos profundos de las diferentes tipologías pero una sola será dominante; a la que tendremos que referirnos durante nuestra negociación comercial.

Como lo decía antes, las tipologías se dividen en cuatro grupos. Imaginemos un círculo dividido en cuatro, ese círculo puede parecerse a nuestro planeta, así dividido en dos polos, "polo Norte y polo Sur", y separado en dos: "Este y Oeste".

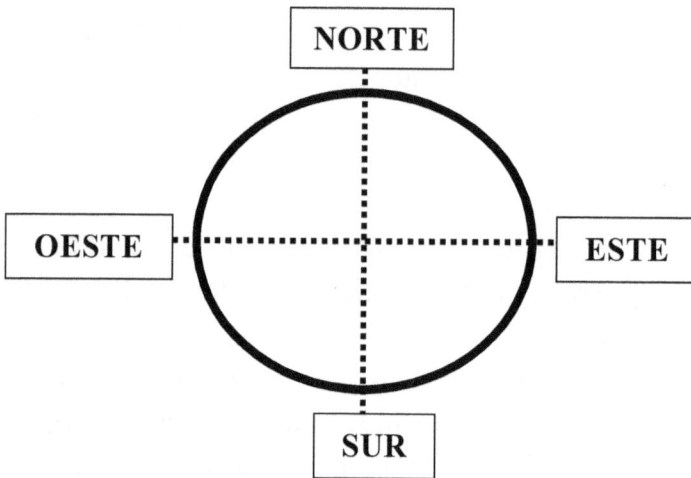

A primera vista, podría parecerle anodino comparándolo con grandes estrategias de venta, pero en esta obra no se trata de ningún modo de reemplazar un método por otro sino más bien de adaptarlo a la realidad psicológica de nuestros clientes.

¿Cómo podemos pensar en vender un producto a una persona que tiene el carácter típico de la "que sabe lo que quiere", que es emprendedora, a quien le gusta ir a lo esencial y a quien no le dan miedo nuevos proyectos, comparándola con una persona quien es más bien reservada, quien nunca se arroja a un proyecto nuevo antes de comentárselo a medio mundo, quien no sabe tomar decisiones y que sobre todo no quiere ninguna responsabilidad? Podemos entender que un simple cierre de trato será diferente según estos dos perfiles.

En esta obra utilizaré diferentes técnicas de venta y las adaptaré a las diferentes tipologías de personalidad.

Primera parte

Antes de empezar con las explicaciones de las diferentes tipologías, voy a enfocar diferentes aspectos psicológicos de nuestros clientes y proyectarlos en las diferentes maneras de comprar.

Segunda parte

Enfocaremos las diferentes tipologías las analizaremos una por una. Explicaré lo que son las tipologías, sus rasgos predominantes y como identificarlos. Haremos una proyección en las entrevistas de venta, luego veremos las diferencias entre ellas en los puntos esenciales, y le indicaré los puntos importantes a recordar para cada una de ellas.

Muchas personas me preguntan cómo conocerlas rápidamente; le daré indicaciones para conocerlas porque cuanto antes conozca la tipología de su cliente, más rápidamente podrá organizar su entrevista personalizada.

Imagínese llegar a casa de su cliente a la primera cita, con un estudio de su tipología tal que obligatoriamente se pensará que usted se le parece a él, éste tendrá la sensación de tener frente a él a una persona que finalmente le entiende. A este fin, me basaré en dos fenómenos: el primero "el fenómeno gestual" el segundo: "los métodos de utilización del lenguaje".

Para terminar esta segunda parte, veremos juntos los diferentes gráficos de participación por tipología.

Tercera parte

Aquí, encontrará las astucias para eliminar los puntos que impiden las ventas, empezando por las objeciones en fase de conclusión siguiendo con los diferentes errores por los que se pierde una venta, luego veremos la droga del vendedor: "quizás". Estudiaremos una técnica directa de venta, después veremos cómo obtener un compromiso parcial y para acabar: la última carta de una posible negociación: "cerrar el trato con elegancia".

Cuarta parte

En la próxima etapa, indicaré un método de venta general, el de la llamada telefónica, que permite una cita y llegar hasta la conclusión adaptando el método a las diferentes tipologías.

Quinta parte

Para terminar, explicaré cuatro experiencias de venta, cada una perteneciente a una tipología diferente, con fines de hacerle entender lo mejor posible, y con casos concretos, la importancia de conocer y de situar a su cliente.

Nota bene :

A menudo me refiero a mi trabajo actual que consiste en comercializar bienes inmuebles: alquilados amueblados no profesionales y alquilados amueblados profesionales, a particulares que quieren tener sea una renta libre de impuestos, sea constituirse un patrimonio para tener una renta al jubilarse. Le daré casos concretos y tomaré ejemplos para mis explicaciones.

Encontrará, a lo largo del libro, criterios y soluciones que tratan del cierre del trato, de los reparos, sin olvidar el miedo del no. Le aconsejo de utilizarlos y de apoderárselos.

Tengan en cuenta que aunque hago referencias a mi trabajo, las reglas valen para todas las ventas.

Primera parte

La psicología y nuestros clientes

- La venta con una V mayúscula
- Imagen figurada del cliente
- Mimetismo
- Los efectos psicológicos en la venta
- Las diferentes maneras de comprar
- El efecto penuria en la venta
- Casos prácticos
- El sentimiento de frustración
- Pensar positivo

La venta con una V mayúscula

La venta con V mayúscula o venta Killer

Sinceramente, hay muchos libros que diferencian dos tipos de venta, explican la ética, la sinceridad, la convivialidad...pero muchas veces cuando nos referimos a las respuestas, a las objeciones ya no estamos en lo que se llama, la Venta, encontramos chaqueteos y respuestas que no tienen nada que ver con la precedente definición.

Para mí, cualquiera venta es una venta, y es por lo que me pagan.

La ética por entre todo eso

La ética es muy importante en el mundo actual porque puede considerarse como sinónimo de seriedad.   La pregunta principal es: ¿Son indisociables   la   ética   y   la   venta? O ¿Son al contrario distintas?
A continuación una anécdota que me relató un amigo:
Al tener que cambiar de gafas, se fue a una óptica. Después de echar un vistazo a la sección hombre de la tienda con el consejo de una dependienta, eligió unas gafas de marca prestigiosa (que no tengo

derecho a citar). El precio de la montura sobrepasaba la indemnización máxima del seguro mientras que el reembolso de los lentes era total.

La idea de mi amigo fue de trasladar el suplemento de la montura en el coste de los lentes y así tener unas gafas totalmente reembolsadas. Se lo comentó a la dependienta pidiéndole hacer una operación contable para tener una factura en regla, ella le contestó:

"No es posible Señor tenemos una ética en nuestra tienda y nos importa mucho respetarla."

Mi amigo le respondió: "Escuche Señorita, el caso es que si acepta mi demanda ganará a un cliente y sobre todo una venta importante. Si no, tendré que ir a otra tienda. ¿Podría hablarlo con su jefe o su responsable?"

La dependienta se levantó, fue a ver a su jefe, regresó rápidamente con una expresión de desanimo y la respuesta:
"Si, está bien, mi jefe está de acuerdo".

Mi amigo, quien no tiene pelillos en la lengua (también es comercial), le dijo:
"¿Y la ética, donde está? ¡Sepa señorita que la ética y el comercio no se llevan bien!"

No llegaré a ese punto de reflexión pero es cierto que, a veces, debemos enfrentarnos con una decisión y es precisamente en aquel momento que debemos recordar que somos "vendedores ante todo".

Entonces, ya lo entendió, para mí cualquier venta es una venta, no existe diferencia entre una Venta con mayúscula o Killer y otra que llamaríamos de forma distinta.
Cada vendedor tiene su V mayúscula sus resultados lo distinguen más que su ética.

Imagen figurada del cliente

Aquí siguen ejemplos figurados para entender el comportamiento psicológico de los clientes. Si entendemos el esquema, nos será mucho más fácil finalizar una venta o en caso contrario mejor entender nuestro fracaso.

Siempre hay que tomar en cuenta un elemento dominante del cliente:

"Cada individuo es particular y único, en ciertos puntos."

La coma después de "único" no es un error, considerando que no somos robots, todos somos únicos, pero sea lo que sea pertenecemos a una categoría de personas.

Por ejemplo los estilos (explicados en el libro), abarcan cuatro figuras, podemos entonces pensar que somos únicos y diferentes de los otros grupos pero iguales en el estilo.
Sin embargo, en cada individuo, pues en cada molde, siempre existen puntos aunque sean mínimos, son puntos únicos. Es decir, aunque lleguemos a visualizar el estilo de nuestro cliente, es

importante enfocarnos en la búsqueda de puntos únicos.

¡Cuidado! la búsqueda no se realiza para manipular al cliente sino simplemente para encontrar la clave, o una de ellas que nos permita firmar el contrato.
Utilizo a menudo un guión cuando explico a comerciales mi punto de vista del cliente. Me referiré frecuentemente a esa imagen figurada.

Escogemos una piscina con un grupo de niños bajo nuestra responsabilidad.
Nuestra actividad consiste en convencer a los niños de entrar en la piscina, en explicarles el camino que seguir, en enseñarles las técnicas de natación, y en fin debemos convencerlos de salir de la piscina.
Figúrese a los niños después de haberse cambiado y al lado de la piscina, podrá verificar dos clases de personalidad:

-Los que se echan directamente al agua

-Los que no se atreven a mojarse

Son dos dificultades diferentes. En el primer caso, hay que tranquilizarlos rápidamente y empezar un aprendizaje sereno.
En el segundo caso, Hay que convencerlos de entrar en la piscina.

Relacionando estos ejemplos con nuestros clientes, respecto a la primera personalidad, encontrará a gente de "tipología roja o amarilla".
Son generalmente personas optimistas, quienes no tienen tiempo que perder y a quienes les gusta el control en las entrevistas.
Con estos clientes, hay que volver a apoderarse del control después de la fase de "rompe hielo".

Con la segunda personalidad, encontrará a gente de "tipología azul o verde ", son personas reservadas en general, a quienes no les gusta el cambio, ni tener responsabilidades; con esos clientes debe prolongar las etapas, que son: la etapa "rompe hielo", introducción descripción y conclusión más largas.

Volvamos a nuestra imagen figurada: después de haber logrado convencer a los niños de entrar en el agua, tiene que conseguir canalizarlos por un camino bien definido; es decir según el ejemplo de la piscina, haciéndoles recorrer por lo largo la piscina respetando una calle bien precisa.
Por cierto, cada niño, por el supuesto camino, necesitará diferentes métodos de explicaciones (los cuatro estilos).

Una vez respetados esos límites, entonces podrá describir las diferentes técnicas de natación, momento en que la observación del monitor es muy importante.

No hay que ir muy de prisa con las explicaciones porque quizás el niño no entienda lo que le están diciendo y así deje de escuchar.

Tampoco hay que ir muy lentamente en las explicaciones y alejarse de ellas porque en ese caso también el niño dejará de escucharle e irá así a su aire a la piscina; es lo que llamamos "huir en la piscina" (caso muy delicado, y se necesita mucho trabajo para volver a canalizarlo). Si llega a captar ese momento, tendrá que repetir necesariamente las explicaciones cambiando las expresiones.

Si aplicamos esta observación a nuestros clientes, la traducción seria: "Si nuestro cliente no entiende uno de los puntos de nuestra explicación, romperá completamente el contacto o emitirá una objeción en fase de conclusión."

Cuando el niño entienda nuestras explicaciones, lentamente tendremos que hacerle regresar al punto de inicio de la piscina y convencerlo de salir (los que tienen hijos saben muy bien que no es una tarea fácil).

Muchas veces el niño hace caprichos, y una vez llegado al borde del agua, vuelve precipitadamente al centro de la piscina, entonces tenemos que trabajar otra vez las explicaciones para que vuelva al borde de la piscina y convencerlo de nuevo de salir del agua.

Ocurrirá lo mismo con nuestro cliente, hemos cogido cita (ir a la piscina) hemos hecho un buen "rompe hielo" (entrar en la piscina), hemos hecho una brillante introducción (hacer seguir un camino), hemos desenrollado una excelente descripción (diferentes técnicas de natación) y para terminar hemos hecho una conclusión profesional (salir de la piscina).

Cada etapa es muy importante, porque durante cada una de ellas, el cliente inconscientemente prepara sus objeciones.
Si llega a percibir por dónde va el cliente con la entrevista (gracias a sus gestos o a sus preguntas, siempre conseguirá interesarlo y tendrá así más oportunidades para concluir favorablemente.

La fase de conclusión (salir de la piscina) es una de las más difíciles, porque antes, el cliente le escuchaba, en esa fase tiene que tomar una decisión; el riesgo es que, si no ha elaborado su entrevista según las diferentes tipologías, puede estar seguro de que el cliente volverá rápido al centro de la piscina. En ese momento necesitará mucha paciencia para volver a dar las explicaciones (los puntos importantes) para que nuestro cliente vuelva al borde de la piscina y de nuevo intentar sacarlo del agua.

Refiriéndose a la conclusión, tropezará con lo que llamamos las objeciones; en ese caso hay que tener una respuesta reflejo, es decir que no hay que reflexionar sino ser espontáneo (o fingir serlo), tiene que aprender de memoria las respuestas a las objeciones.

Para resumir :

Con este ejemplo he querido hacerle entender cuatro fases importantes de la venta; la primera, es tomar una cita, lo que no siempre es fácil (ir a la piscina). La segunda, romper lo que llamamos el hielo y empezar nuestra introducción (convencer al niño de bañarse en la piscina). La tercera, son nuestras explicaciones así conseguir a adaptarse a los clientes para que sigan nuestro camino; el riesgo es elevado, de verlos perderse por el camino, la capacidad de los vendedores es de localizar ese momento preciso para recuperar inmediatamente la atención del cliente.

Está claro que el niño, en tal espacio, suele para protegerse de cualquiera agresión, nadar dispersándose en esa inmensa piscina; lo mismo pasa con nuestro cliente cuando ve o siente que hay un riesgo: quedar cogido en una trampa, entonces se bloquea o mentalmente huye (convencer al niño de seguir nuestro trayecto y nadar en nuestro sentido).

La cuarta, y no la más fácil, es de convencer al cliente de adherir al proyecto; el riesgo es que huya (en la piscina grande) o más bien que se proteja con escusas como: "No firmo nunca a la primera cita, lo tengo que hablar con alguien,..." Es cuando debemos repetir nuestras explicaciones, no desde el principio sino desde un punto bien preciso que es el que hemos identificado como falta de implicación por parte del cliente (es porque durante nuestra venta, es importante identificar todos los gestos, signos o comportamientos del cliente). ¡Cuidado!, hay que repetir la explicación desde un punto bien preciso y volver a explicar los puntos importantes, pero, algo importante: siempre hay que adaptar o mejor volver a adaptar nuestro discurso final (sacar al niño del agua).

Resumen :

Convencer a los niños de entrar en la piscina, hacerles seguir un recorrido definido, explicarles las diferentes técnicas de natación y al final convencerlos de salir del agua para juntarse con nosotros.

Convencer a nuestros clientes de recibirnos, interesarlos por nuestro proyecto haciendo una buena introducción, explicarles los diferentes productos susceptibles de interesarles y para terminar, intentar concluir.

Podemos observar, con esos dos pequeños resúmenes, que podemos completamente sobreponer esos dos ejemplos. Siempre hay que tener en la mente esta imagen figurada de nuestro cliente para que entienda rápidamente donde se encuentra, así podremos hacer un análisis inmediato de nuestra entrevista pues reposicionarnos correctamente al instante T.

Cada fase merece una concentración y una atención particular, porque cada una de ella tiene su importancia en la entrevista, pero recuerde que están todas liadas.

He encajado voluntariamente en esa imagen figurada una pequeña introducción sobre la tipología de las personas; volveremos más tarde en el libro en la explicación concreta de las diferentes tipologías.
Le ayudará a identificar mejor a su clientela y así proyectarla más fácilmente en esa imagen figurada.

Volveré a menudo a tratar de esa imagen figurada sobre todo cuando hablaremos de las diferentes objeciones posibles.

El mimetismo del comportamiento

O más claramente jugar al juego del coche. Historia corta: un hombre compra un coche pensando que hace un buen negocio; poco tiempo después se da cuenta de que le han estafado, que lo ha pagado demasiado caro, que consume demasiada gasolina, que empieza a tener defectos,...Vamos a notar que en ese momento, ese comprador tiene una actitud de "comprador-vendedor", es decir que valorizará a cerca de sus amigos, de sus vecinos, sólo los aspectos positivos de su nuevo coche, para esperar encontrar a un aliado, quien como él comprará ese vehículo, lo que le servirá para crear un grupo y así no sentirse solo (parecemos menos tontos cuando somos dos).

Aquí tiene dos enseñanzas: la que dice que no hay que mezclar la vida profesional y la vida personal y la que dice que lo importante no es mezclar los dos papeles sino de desempeñar la función que conviene al momento adecuado.

Para mí, un vendedor es un actor, es una persona que consigue desempeñar su función y quien a veces tiene varios papeles a la vez, es una persona que consigue adaptarse continuamente respecto a los clientes que tiene en frente suya, y sin conocer con adelanto el guión de la parte contraria (excepto si consigue percibir la tipología de la persona durante la pedida de cita). Pues si en la obra en la que actúa tiene que introducir un hecho personal, que lo haga; lo importante es siempre adaptar su propia experiencia a las circunstancias del momento sin alargarse y sin exagerar, sino su credibilidad desaparecerá.

El peligro mayor en la utilización de uno o varios ejemplos personales durante la entrevista, es de ser desacreditado. Hay que utilizarlo con atención, inteligencia y solo con ciertas tipologías: amarilla, verde a veces con la azul, pero nunca con la roja (la explicación de las diferentes tipologías se verá más tarde en el libro pero es el tema principal de la obra).

Conclusión: a utilizar pero con "moderación".

Los efectos psicológicos en la venta

¿Qué relación hay entre la psicología y la venta? Muchas cosas las relacionan. Observara que en el libro utilizo ejemplos basados sobre la psicología humana; voy a examinar aquí varios fenómenos directamente liados con la psicología individual y el efecto psicológico de la sociedad con un producto bien determinado.

Tomaremos el ejemplo bien conocido por todo el mundo, el tema de la inmobiliaria.

Veremos los efectos al alza, los efectos a la baja y el comportamiento de los diferentes actores (vendedor, comprador, banco). Luego veremos cómo utilizar ese incentivo de presión para obtener una reacción positiva de nuestros clientes.

Comportamiento de los compradores

Seguramente le ha ocurrido o a alguien de su allegado sentir el acto de precipitación a una compra inmobiliaria cuando el entorno económico lo permite. Es decir una buena publicidad hecha por los medios de comunicación cuando afirman que la inmobiliaria se enciende o simplemente confrontando una compra hecha por un amigo hace tiempo, relacionado con el coste actual.

Inconscientemente pensamos que ese aumento de los precios no está por terminar, ese entorno económico al alza provoca varios efectos psicológicos:
- miedo de la penuria
- precipitación a la compra
- atracción por la plusvalía
- el temor, si el aumento es demasiado importante, a ya no poder comprar

El miedo de la penuria:

Este clima no es propicio a la negociación. Generalmente, los compradores están sumergidos en un clima de precipitación por temor a fallar un buen negocio.

El efecto penuria es realmente un incentivo importante para los vendedores; si la negociación está bien sincronizada podremos hacer aparecer en el comprador ese síndrome que nos permite una firma mucho más rápida.

Los puristas de la venta consideran ese incentivo como manipulación, yo lo llamo simplemente venta.

Precipitación a la compra:

Ese fenómeno nace y se acentúa generalmente después de haber tomado la decisión de comprar. Inconscientemente, tenemos prisa porque dos temores nacen:

-el temor a que no quede nada para comprar,

-el temor a que los precios siguen aumentando.

Atracción por la plusvalía :

En ese caso tenemos a gente que quiere invertir en un sector bien definido y aprovechar de la subida del mercado para hacer una plusvalía muy rápidamente.

Los efectos psicológicos de esa gente son los mismos que en las otras categorías: una vez llegado a ser comprador potencial, entran a la categoría de la precipitación, porque un negocio, mismo si es ordinario hoy, es un negocio bueno para el día de mañana.

El temor a ya no poder comprar :

Cuando hay un aumento de las ventas, generalmente hay un aumento de los precios (la oferta y la demanda). Los clientes que potencialmente son compradores, comparan los precios del pasado con los de hoy. En ellos nace el fenómeno del remordimiento: "¡Porque no he comprado antes!". A ese fenómeno se añade el de la penuria y el de la precipitación. Un rápido calculo se hace: "si la subida continua así mañana ya no podre ser comprador".

Vemos aquí que tenemos como vendedor cuatro incentivos muy importantes a utilizar. A veces o muy a menudo tratamos con clientes que necesitan un choque psicológico para decidirse, no quiero pretender que hay que manipularlos o "estafarlos", porque siempre trato de productos sinceros y correctos.

¿Cómo utilizar esos incentivos? En realidad no existe ninguna receta mágica, cada estilo de persona tendrá una tendencia particular. Es al vendedor quien le toca analizarla y captarla. Refiérase siempre a los diferentes estilos de tipologías antes de utilizar esos incentivos.

En un mercado a la baja, todos esos incentivos no se invierten, por supuesto hay menos interés por las plusvalías, menos precipitación. El efecto penuria disminuye y el miedo a ya no poder comprar aminora. Preciso que no se invierten porque es el papel del vendedor de hacer que crezcan.

Está claro que cuando todo está al alza, el trabajo del vendedor es más fácil, pero es mucho más interesante cuando debemos crear el entorno. En contra es cierto que en un mercado a la baja, los clientes tendrán triunfos suplementarios, por ejemplo el de negociar el precio y la rentabilidad; inconscientemente, estarán más cómodos para escoger el lugar y también el tipo de financiación.

Comportamiento de los vendedores

En un mercado al alza se dice que los vendedores están convenientemente sentados en sus sillas. Por supuesto están abrumados, porque tienen mucha demanda, pero ya no tienen trabajo administrativo que hacer (relleno de contratos,...) solo ventas. Se encuentran en una situación en la que la negociación no tiene su sitio. La precipitación a vender tampoco está presente porque mañana seguramente venderemos más caro; sin tomar en cuenta los que anticipan la subida de mañana hasta hoy, pues que deciden de un precio más alto que el del mercado, creando así un efecto "bola de nieve" en la subida (burbuja).

A lo contrario en un mercado que estanca o un mercado a la baja, los vendedores tienden a olvidar sus fair-play, se precipitan en la negociación de venta. Por otra parte como los compradores son menos numerosos, hay una pérdida del poder de negociación. En un tal mercado, el vendedor tiene que ser conscientemente y inconscientemente más sereno, hay que utilizar los diferentes incentivos para cada entrevista. Claro, en un tal contexto, la negociación está más tensa y más difícil pero hay que saber que esos incentivos siempre funcionan.

Comportamiento del banco

Aquí se distinguen dos comportamientos.

En un mercado al alza, los bancos son completamente flexibles para los préstamos, es decir que prestan más fácilmente y son así menos exigentes en el tipo de deuda, en la contribución, en la duración, porque sea lo que sea, la inversión hecha es segura y perenne.

En un mercado a la baja; la tendencia se invierte, los bancos escrutan cada expediente, el tipo de endeudamiento está bien calculado, prestan en una duración razonable y generalmente el préstamo sin contribución o sin garantía no existe.

Es cierto que para el vendedor ese incentivo es importante, porque generalmente existen asociaciones que se pueden poner en evidencia durante negociaciones pero el valor de una asociación de un banco, en un mercado a la alza no es nada parecido en un mercado a la baja.

Diferentes maneras de comprar

Venta por Internet

Una plaza grande con avenidas, carreteras, caminos, tiendas, sitios de encuentro, escaparates, así es como veo Internet, un sitio virtual comparable al mundo.

Me enfocare en el aspecto comercial, tiendas o mercados, donde se pueden hacer buenos negocios (en fin, es lo que pensamos).

Los especialistas del web intentan cueste lo que cueste hacernos creer que si compramos en un momento T (preciso), hacemos un negocio muy interesante; para eso utilizan diferentes herramientas que van del efecto penuria, a los colores del sitio web, al efecto striptease.

Le desvelaré algunas astucias utilizadas por esos profesionales para que pueda adoptar "lo esencial" para su relación clientela a lo cotidiano.

La palabra distraerse por Internet es sinónimo de "mirar los escaparates"; única diferencia, es que el primero es virtual pero las sensaciones percibidas son idénticas y pueden ser superiores si el sitio está bien explotado.

Ejemplo corto: cuando vemos que hay gente delante de un escaparate, nos acercamos. Por ejemplo: cuando vemos mucha gente en una sección de promoción tendremos el impulso a la atracción (curiosidad) y a la compra, aunque esos productos cinco minutos antes no nos interesaban.

Es lo que se llama el efecto mimetismo, se hizo la experiencia en estados unidos: un equipo de psicólogos tuvieron la idea de crear una fila falsa delante de una discoteca pagando a los figurantes; rápidamente varias personas se adjuntaron a la fila, participaron sin saberlo a un efecto psicológico nombrado conformismo de el inconsciente. Es una forma de racionamiento inconsciente que nos hace creer que "Si hay mucha gente es que está bien".

Podemos encontrar fácilmente ese aspecto en la web. Un ejemplo flagrante son las listas por internet: cuantas personas han comprado ese producto, cuantas personas están conectadas al sitio al instante, y cuantas personas están interesadas por el mismo producto. Ejemplo: los sitios de ventas en subastas en línea.

Página principal

Es la primera puerta del sitio, lo cual es importante. Por supuesto hay la rapidez de conexión pero los colores y la pantalla son muy importantes en un sitio de venta en línea. Le citaré una experiencia hecha en la universidad del estado de Arizona. La idea era de crear dos sitios idénticos pero con dos páginas principales diferentes.

La primera página era de fondo verde (color del dólar americano) y en ese fondo, habían monedas de tallas diferentes; la segunda página era de fondo azul con nubes diseminadas.

Había dos grupos bien distintos de colaboradores, cada uno en favor de un sitio web, por supuesto el grupo n°1 nunca había visto e ignoraba lo que veía el grupo 2 y viceversa. El texto de los dos sitios era igual, lo que estaba escrito solo servía para captar la atención del usuario.

Al final del texto había un botón que permitía acceder a las páginas de los productos (en esta experiencia los productos eran sofás).

Los sofás presentados eran: el primero confortable pero caro, el segundo menos cómodo pero económico. Los usuarios de la página con el fondo verde y las monedas han privilegiado el sofá económico pues el precio. El grupo 2 de la página con el fondo azul y las nubes ha privilegiado el sofá confortable. Se puede notar que en los dos casos el principio de la elección se ha hecho con la página principal y ha así orientado la elección futura de los internautas.

Entonces se puede entender que la página principal puede inducir comportamientos particulares pero también suscitar estados emocionales.

Se hizo otra experiencia a la universidad de Hong Kong. Unos voluntarios tenían que evaluar un sitio Internet (rapidez de navegación) que representaba casas. La primera pagina es decir "página principal", era o con un fondo azul o con un fondo amarillo; en el medio una línea de descarga gris con un texto "cargando".

La duración de descarga era de 17 segundos; eso en fin de dar la ilusión a los voluntarios de una real descarga, en realidad esa barra servía para impregnar el voluntario del color del fondo. Luego se abría un formulario con varias preguntas.

Se les preguntaba si mientras esperaban la abertura de la página se sentían tranquilos, relajados, o a lo contrario más impacientes y encontraban el tiempo de espera largo.

Los resultados de la experiencia revelaron que los voluntarios que utilizaban el fondo azul encontraron el tiempo de espera más corto y que se sentían más tranquilos y relajados que los voluntarios que utilizaban la pagina amarilla. Esos resultados confirman otras investigaciones que tratan del medio ambiente de color azul con carácter relajante y que el color amarillo es estimulante.

Como lo sabe, en un sitio internet se puede cambiar el color del fondo mucho más fácilmente que en una tienda de verdad.

El efecto striptease

Pienso que sois muchos los que han sido impacientes durante la abertura de una página internet, duración que se podía medir como muy larga, o sobre todo demasiada larga en cuanto a la tecnología utilizada actualmente, donde la rapidez de conexión debería de ser casi instantánea.

En realidad muchos sitios web muy eficientes utilizan ese efecto. Mientras espera la abertura final de la página, como si la imagen detrás pesase; observa esa aparición con impaciencia.

Se realizo una experiencia con ese fenómeno: los voluntarios tenían que navegar en un sitio web donde se medían sus reacciones emocionales gracias a electrodos colocados en las manos. Los voluntarios delante de sus pantallas estaban invitados a pulsar un enlace en fin de lanzar la conexión al sitio Internet (con una imagen de fondo muy sexy).

En el primer caso, el enlace se abría casi inmediatamente; el tiempo de espera antes de pasar automáticamente a la segunda página, era de 30 segundos. En el segundo caso, la abertura del sitio se hacía en modo "striptease", pues poco a poco pero el tiempo de abertura de la pagina era el mismo que en el primer caso es decir de 30 segundos. Luego los dos grupos de voluntarios se encontraban en un sitio web de información y podían pulsar el ratón a su guisas durante cinco minutos.

Los resultados revelaron que el grupo de voluntarios que tenían la página en modo "striptease" tenían una frecuencia cardíaca y una sudoración más elevada, además los enlaces activados eran más numerosos que los del primer grupo.

Según los investigadores de esa experiencia, la espera suscita en el consumidor un estado de activación psicológico superior que necesita una descarga de energía excedente (de las cuales la activación superior de los enlaces y una navegación más rápida).

Compra impulsiva o Compra flechazo

No sé lo que voy a comprar, en qué momento y donde comprarlo.

Generalmente son todas las herramientas, instrumentos, materiales de un precio bajo a un precio medio. Por ejemplo: en la entrada de un gran supermercado, hay una liquidación, con unas herramientas "muy monas" en venta, que compradas por unidades le llenará su cesta de compra. Habitualmente los precios propuestos son muy correctos y es lo que incita nuestras compras, pero el sentido de atención está presente y disminuye nuestra impulsión de consumo.

Otro ejemplo: el otro día mi mujer me mando hacer unas compras en un supermercado. En la entrada de aquel supermercado, vi una exposición de móviles, nuevas impresoras, cámaras de fotos y cuadros numéricos. Voy hacia los cuadros numéricos, porque algunos días antes tuvimos una conversación en casa sobre el revelado de todas nuestras fotos, entonces la curiosidad prevalece y me acerco al expositor.

Al principio me conformo con mirar la compatibilidad, la talla de la pantalla y al final la estética. En ese momento un impulso extraño se apodera de mí: es "EL EFECTO PENURIA".

¿Por qué vino a mí ese impulso siendo un hombre prevenido e instruyendo a gente sobre ese fenómeno? Simplemente porque es natural.

Imaginémonos: unos bonitos escaparates cerrados con llave, por dentro varios equipos fotográficos, aparatos, memorias y cuadros numéricos. En realidad, habían dos clases de cuadros numéricos: uno de tamaño pequeño que perfectamente podía corresponder a mis necesidades, el segundo más grande por lo tanto más caro. Instintivamente elegí el cuadro más grande.

Podríamos verlo como una actitud de consumo extremo pues dado al precio y no al artículo. El hecho es que en ese caso bien preciso el mecanismo que se ha puesto en marcha es el de la penuria, así poseer algo como un privilegiado, haciéndolo ver como un objeto único.

¿Por qué se ha puesto ese mecanismo en marcha? Simplemente porque la venta de la pantalla más cara pues de tamaño más grande parecía terminarse; solo quedaba una pantalla. El deseo de tener en mano aunque sea la caja para poder controlar el aspecto técnico, hacia crecer en mi una gran impaciencia. Escudriñaba ya las secciones buscando a un vendedor en las inmediaciones. No quería alejarme de la estantería con miedo a perder mi prioridad. Oteando las secciones, buscando a mi salvador, levante la cabeza, y…imagínese mi sorpresa viendo una estantería completa de cuadros!

Ahora otra sensación se pone en marcha: la de la decadencia del deseo, lo único y excepcional ya no existe. La sensación de pertenecer a una casta privilegiada desaparece. Entonces miré al artículo, sus características técnicas como se puede ver cualquier otro artículo; finalmente sonriendo me di cuenta que caí yo mismo en la trampa de la penuria (ver: el efecto penuria en la venta).

La compra preparada

Esa compra es diferente de una compra flechazo o de una compra impulsiva. Una compra preparada se sitúa generalmente desde un punto de vista económico, en los medianos o gastos importantes.

Por ejemplo: la compra de un televisor, la compra de un mueble grande o de un sofá,...

Aquí volvemos a encontrar varias categorías de personas: las que elegirán al feeling: hiendo a dos tiendas como mucho; las que odian ir de compras: quien se dirigen hacia las insignias o más bien hacia la insignia que más apreciada esta; y las personas exigentes: las que miran los catálogos, Internet, la dimensión, el tejido,...

En todos los casos, mismo con las personas que funcionan al feeling, en la base de esa compra hay una real necesidad que debe concretizarse. Podemos rápidamente relevar un punto esencial entre los dos extremos: la primera personalidad de ese comprador (feeling) y la impaciencia.

El juego de la penuria será más fácil de instalar pero habrá que seguir y concretizar rápidamente la venta, porque si el deseo de compra es muy fuerte en las personas, también cae tan rápido como a subido.

Pero no se preocupe el efecto penuria también funciona con las personas las más exigentes, la diferencia es que con ellas, mismo si el efecto es más difícil de instalar, dura más tiempo.

El efecto penuria en la venta

Ese efecto es otro medio de presión para incitar al cliente a comprar, pero hay que saber utilizarlo en su momento y lugar adecuado. Verá como utilizo esa herramienta (porque para mí se trata de una herramienta de venta) a lo largo de ese libro.

Cogeremos el ejemplo de un sitio Internet muy conocido, que comercializa DVDs. Frecuentemente o casi todos los días en ese portal, encuentra un artículo con un descuento, y alrededor, o un contador o una cantidad.

Explicación: el contador indica el tiempo que queda para el descuento, un estudio demuestra que el descuento debe sobrepasar los siete días, pero lo mejor es de respetar el plazo de 48 horas. Cuanto más nos acercamos del final del tiempo, por supuesto poniendo en evidencia el tiempo de inicio, más conseguiremos vender.

El mismo efecto esta atribuido al número máximo de artículos que pueden ser vendidos con esa tarifa. Imaginemos un contador con un tiempo de inicio de 150 artículos: cuanto más se acerca del cero más demanda tendrá.

Cogemos también el ejemplo de un supermercado donde hay en venta ostras; pongámonos en esa situación: estamos en vísperas de las fiestas de Navidad, pues en teoría ya hemos hecho las provisiones, pero tenemos que volver al supermercado para hacer compras de última hora.

Por casualidad nos pasamos delante de la sección de la pescadería (que generalmente está bien situado) y vemos un cartel grande anunciando un pequeño descuento en las últimas ostras antes de las fiestas.

Mejor que un cartel es el anuncio vocal; puede estar seguro a pesar de que haya comprado su provisión de ostras, estará tentado por comprar otro paquete. Eso es el efecto penuria.

Otro ejemplo: en mi supermercado habitual durante una cierta temporada la sección de pescadería estaba cerrada los lunes y los jueves. Entonces todos los sábados por la tarde se hacían descuentos interesantes para evitar tirar mercancía. Generalmente se escuchaba un anuncio detallando el descuento de la tarde media hora antes de que el supermercado cierre. Unos cuantos minutos después del anuncio la sección de pescadería se llenaba e personas porque el anuncio precisaba que se podían encontrar descuentos interesantes pero sobre todo precisaba que había que aprovechar del descuento antes del fin de semana porque la próxima entrega de pescado se haría el jueves siguiente.

Entonces la atracción por esos artículos se hacía bien seguro con el descuento pero sobre todo gracias al efecto penuria. Ese efecto ha sido realmente reducido porque el supermercado habré ahora su sección de pescadería a partir del lunes, el efecto penuria ya no tiene sentido, pero con añadir un día al fin de semana habitual, el efecto vuelve a estar en vigor.

Lo que significa, en resumen, que cada uno prefiere comprar un producto a pesar de que no lo necesite, en vez de perder un buen negocio.

Se hizo otra experiencia en un fast-food, donde propusieron a los clientes, después de haber pedido, un postre en descuento.

En un primer caso se les decía que el descuento solo valía para el mismo día y en un segundo caso se les decía que el descuento duraba todo el año, pues una temporada mucho mas la larga.

Se evidencio que en el primer caso hubo cuatro veces más pedidos que en el segundo caso. Podemos constatar que la presión temporal ejerce una fuerte presión en la decisión de los clientes.

Efecto penuria reforzado

Hemos visto que la herramienta del efecto penuria es realmente importante, por una parte es el antídoto del temor al no, y por otra parte es una arma ganadora para concluir positivamente una venta.

Como toda herramienta, el efecto penuria puede ser reforzado.

La forma es muy simple: simplemente tiene que mentalizarse el producto que quiere vender. ¡Cuidado! sobre todo no hay que cambiar de opinión durante su negociación clientela; el riesgo seria de destruir solo esa magnífica herramienta.

Historia corta: una de mis amigas lleva una agencia inmobiliaria. Un día, durante una conversación sobre los diferentes métodos de venta, le hable del efecto de contraste y del efecto penuria; me contesto sonriendo que sin saberlo utilizaba esos dos efectos durante una misma cita comercial.

Me explico que para vender mejor algunas casas bastantes caras, utilizaba el método del principio del contraste: es decir que cuando un cliente venia a verla para hacer la compra de una casa, le habría su catalogo a la primera pagina con casas caras y que no hacían soñar.

Está claro que mi amiga no se precipitaba en las siguientes casas, porque debía dejar tiempo a los clientes de memorizar esas fotos.

Luego, siguiendo su discurso comercial, cogía otro catalogo con solo algunas páginas. Bien seguro las casas presentadas en ese nuevo catalogo eran bonitas casas pero sobre todo, cosa muy importante, eran casas que quería vender (principio de contraste).

Entonces una vez la cara del cliente iluminada, ponía en marcha el efecto penuria, simplemente diciendo a los clientes que las últimas casas visualizadas eran por cierto bonitas pero sobre todo que eran únicas; con esas simples palabras activaba en el cliente el efecto penuria, lo que lleva, como lo explicaba antes, al miedo del cliente de ver escaparse un excelente negocio.

Mi amiga conseguía así hacer excelentes ventas.

Por mi parte, en mi trabajo, presento varias residencias de inversión donde los puntos importantes no son la belleza de la residencia sino el precio y la rentabilidad.

Mi astucia es de imprimir una tabla de precios bastante larga para todas las residencias, a parte de las que quiero vender, donde hago una tabla de cuatro a cinco lotes a diferentes precios y de talla diferentes (elimino así la objeción del precio y de la talla).

Intento lo mejor posible focalizar todas las ventajas de esa residencia e in fine, preciso claramente que solo me quedan pocos lotes; lo que me da la ocasión de precipitar la segunda cita a unos días de intervalo. Pero en ese caso preciso, lo mejor, es efectivamente de intentar obtener una firma a la primera cita.

Casos Practicos

Ejemplos concretos: cogeré aquí dos casos extremos, uno para cada personalidad.

Nominaré esas personalidades para facilitarle la lectura. La primera personalidad (feeling) se nombrará la tipología amarilla (explicare en los siguientes capítulos las diferentes tipologías); la segunda personalidad será nombrada tipología roja (existe dos personalidades más que es inútil insertar en ese ejemplo, son las personalidades de tipología azul y las personalidades de tipología verde).

Primer caso práctico
Tipología AMARILLA

En mi trabajo, al cotidiano, como se lo explique al principio del libro, contacto particulares que quieren informaciones sobre la inversión en la inmobiliaria. Como lo puede imaginar, veo a gente completamente diferente (clase social, instrucción y otros) y pienso tener la suerte de poder formarme en concreto a las cuatro tipologías. Escogeré para ese ejemplo, un cliente que no puedo citar por respeto a su vida privada. Me acuerdo bien de ese caso, porque pensándolo bien podía haber obtenido su firma desde la primera cita. En realidad me he entrevistado tres veces con ese cliente: dos entrevistas entre dos fechas cercanas, con un proyecto bien definido, y otra cita con un intervalo de uno meses.

Al final de la primera cita, conseguí hacerle comprender que el producto propuesto era el suyo. Después de esa fase, conseguí darle unas ganas muy profundas de comprar. Si comparamos ese efecto con un gráfico, nos damos cuenta que estamos en curva casi alta (ver explicación sobre la curva de impulsión de compra). Solo me faltaba ejercer presión jugando la carta de la penuria. A primera vista la cita progreso extremadamente bien, porque cogimos una segunda cita para hacer una elección estratégica del invierto seleccionado.

Aquí, puede notar que hay un error de mi parte, porque le digo que la primera cita progreso bien, la presión subió bien, pero al final no habíamos elegido todavía el soporte del invierto. Con ese tipo de clientela la elección se tiene que hacer al final de la primera cita, una elección tiene que estar puesta en evidencia, una sola puerta tiene que estar abierta; ese tipo de persona tiene que ser aconsejada hasta un punto tal que hay que escoger por ella, lo que no hice.

Desgraciadamente, deje entrever dos puertas, entonces para mi, mi primera cita se paso bien, la presión era alta, la elección estaba casi hecha, pero no había pensado al día siguiente de la cita.

En la famosa curva de interés, la temporada de la zona máxima cambia de cliente a cliente; el hecho es que con ese tipo de caso la curva cae rápidamente y si hay una duda, por ejemplo: mis dos puertas abiertas, esa curva cae muy rápidamente. Entonces hay que volver a ver la persona en los días siguientes, pasada una semana, tendrá que volver a hacer una primera cita, sabiendo pertinentemente que la curva de interés no subirá nunca tanto como antes.

Entonces, tranquilamente, tengo mi segunda cita en el bolsillo, un pequeño estudio por hacer y una convicción de firma cercana. Desafortunadamente, la cita propuesta tenía dos semanas de intervalo, periodo demasiado largo. Unos días antes de nuestra segunda cita, el cliente me llama diciéndome que finalmente preferiría esperar. Estaba muy decepcionado, porque había comprendido mi error. Pero como soy un hombre perseverante, lo llame unos meses después, la escusa de esa llamada era que tenía una nueva residencia con un precio muy correcto y una muy buena rentabilidad, que teníamos que vernos lo antes posible para así presentarle el programa en detalle.

Aquí le confesó que tuve que llamar tres o cuatro veces antes de obtener una cita. Finalmente el encuentro se hace, como de costumbre instalo un clima de confianza hablando de mi profesión, de los retiros, y entonces para ese periodo, de la futura baja del poder de compra; le presento el proyecto y le hago comprender que se le parece mucho.

Corta paréntesis para explicarle esa similitud: la residencia dicha era una residencia para estudiantes, y mi cliente era profesor.

Entonces, después de haber presentado todos los puntos extremamente positivos de ese proyecto siempre en paralela con el retiro, saco mi tabla de precios.

Durante nuestra primera cita, había notado que esa persona quería por cierto hacer una inversión, pero que se había puesto un límite: pues en realidad he preparado un lote que correspondía fácilmente a ese límite, para evitar la objeción del precio. Hice mi simulación destacando las cifras de intereses y acompañándoles con los beneficios de ese tipo de residencia.

Le pregunto: " Bueno ¿qué le parece?" Por cierto, no le repito que esa pregunta tiene que estar hecha después de haber obtenido a lo menos tres "si" seguidos. Pues como las condiciones están reunidas, la persona no puede decirme otra cosa que: "Si, el proyecto es muy interesante".

Entonces llego al mismo punto que en la primera cita, pero en ese momento abro mi cartera y saco un contrato, naturalmente empiezo a rellenarlo siguiendo argumentando el proyecto. Para evitar los tiempos muertos, le pido participar al relleno del contrato haciendo unas fotocopias. Aceptando esa demanda, en realidad acepta el proyecto; para terminar el cliente firma en un buen ambiente y esa persona se convierte en nuevo cliente.

Esa historia muy simpática puede hacer entender que es muy importante elegir y ser dueño del "tiempo" y también que es importante comprender muy rápidamente la tipología de la persona, su posición social, sus convicciones, sus adhesiones, en fin de adoptar y adaptar la mejor estrategia de venta.

Vuelvo a utilizar esos aspectos con ese último ejemplo: tipología amarilla, posición social media para su cultura, baja para sus rentas. En cuanto a sus convicciones, tenemos aquí a un profesor de escuela pues a un funcionario público, no quiero criticar ese estatuto, pero simplemente quiero decir que ese molde que adopta es diferente del que utilizamos generalmente en el sector privado, eso para decir que tienen por cierto la preocupación del retiro, pero con diferentes cálculos que en el sector privado.

En ese caso lo importante es de coger los puntos comunes de los dos estatutos, y aquí el acuerdo será general si hablamos de la baja del poder de compra; por supuesto evitando entrar en los detalles.

Para crear una adhesión comuna, simplemente comprobé la falta flagrante y creciente de las residencias estudiantes. Después de haber cogido en consideración todos esos aspectos, el cliente no puede decir otra cosa que "es interesante", esa respuesta equivale a un sí (no hay que confundirlo con el sí final, el de la firma del contrato).

Segundo caso práctico

Tipología ROJA

Aquí tenemos a una persona diferente de la primera, pues a observar muy cuidadosamente, porque hay que utilizar con esas personas un lenguaje realmente apropiado, un gestual muy cuidado, y sobre todo una serie de explicaciones bien detallada, que hace comprender su preparación, a pesar de que ese tipo de persona quiere llegar muy rápido al corazón del sujeto, aprecia mucho la preparación de sus detalles.

¡Cuidado! Hay que utilizar bien como elemento principal "detalles importantes", sinónimo de puntos esenciales, pequeña diferencia con una persona de tipología azul quien quiere todos los detalles, aspectos que generalmente conseguimos pasar sin detallarlos demasiado con las personas de tipología amarilla y verde.

A veces, trata con personas quien, durante sus explicaciones, no entenderá mucho sus cálculos o una forma fiscal y le dice:"si, lo he comprendido", o le dice "no lo he comprendido todo pero no pasa nada". Con la tipología roja, tendrá que explicar de manera que lo comprenda, sino es un cliente perdido. ¡Cuidado! es a usted de captar si le sigue en su desarrollo, porque no le dirá casi nunca: "no he comprendido", y sobre todo no le pregunte si le sigue o no porque es sinónimo de insulto para esa tipología (ver tipología roja).

Revenimos al ejemplo: ese cliente, o más bien un prospecto a esa época, empezaba a hacerme muchas preguntas por teléfono durante la cogida de cita; gracias a ese rápido comienzo conseguí posicionar a mi cliente. Le conteste pues que al final de nuestra entrevista, tendrá respuestas a todas sus preguntas, que no se podía hablar de esa clase de inversión por teléfono y que tampoco era mi costumbre (me mimetizaba así en la tipología roja).

La cita estaba planeada. Un pequeño cuidado: hay que evitar las citas con unas semanas de intervalo, porque generalmente no resultan salir muy buenas.

En llegar a su casa, lo primero que hice fue observar la organización de su interior y sobre todo el sitio sagrado donde iba a progresar la cita. ¿Para qué observar ese lugar? Sirve para comprender muy rápidamente la tipología justa de la persona.

Ejemplo: mi cliente había preparado todos los documentos recibidos de mi empresa, estaban ordenados y no en montón. En la mesa de la cita, no había nada más que los documentos de mi empresa, un lápiz y una libreta para tomar apuntes. No me había equivocado sobre la tipología de mi cliente, era roja (vera más tarde que esa manera de emparejar es también propia a la tipología azul).

Se lo repito con ese tipo de clientela, los movimientos de interpretación deben de ser muy sincronizados: introducción, descripción y conclusión. Nunca hay que salir de ese esquema donde el cliente hará lo que llamamos "la cogida del control de la cita". Tiene que tratar de los temas de manera en que el cliente haga lo menos preguntas posible. Lo que es sinónimo de buena comprensión y su imagen de profesional será así bien recompensada.

Para volver a mi cliente, después de haber hecho una introducción (quienes somos, que hacemos, etc.) entro en el meollo del tema que es la descripción. El talento de un buen vendedor es de saber estar a la escucha, lo que no quiere decir que hay que dejar hablar al cliente durante horas y quedarse quieto escuchando sino de saber capturar lo esencial de las necesidades.

En resumen, el cliente se ha establecido un límite de disponibilidad de tesorería bien preciso y al hilo de mi presentación se ha dirigido hacia un producto bien preciso, he conseguido comprender muy rápidamente esos dos puntos que le interesaba, es porque el resto de nuestra discusión se ha basado en ese producto especifico (ventaja, ventaja, ventaja) precio, rentabilidad, lugar.

El hecho es que con ese tipo de clientela, no es evidente hacer subir la presión, hay que ser muy fino para comprender el momento "T", para así jugar la carta de la penuria. Mi carta se basaba sobre todo en el precio, porque el cliente quería por cierto hacer un invierto con una tasa de rentabilidad interesante, en verdad en un lugar privilegiado donde el futuro de ese invierto no sea comprometido, pero el punto disparador de compra era:"al mejor precio".

Antes de hacer mi simulación había comprendido que ese punto era de interés capital para obtener la firma, entonces escogí como ejemplo un invierto al mejor precio. Solo había un lote con ese precio, lo que le hacía ser único (¡Cuidado! la unicidad para la carta "penuria" es muy importante).

Hay que saber que el cliente de tipología roja no firmara nunca ningún contrato desde la primera cita, lo mejor posible tendrá que esperar la segunda cita, pero no es raro que la firma se haga a la tercera cita. Por suerte, el limite máximum de impulso a la compra de la tipología roja tiene una duración bastante larga comparada a las otras tipologías de personas.

En cambio, como para todos los clientes, tendrá que dar el primer paso hacia la firma. Es verdad que con ese tipo de clientela nuestra selección de conclusión tiene que ser activada en un momento bien preciso. Por mi parte ese cliente firmo en su despacho a nuestro tercero encuentro, a pesar de que, le confesó todavía intentaba abrir otra puerta de negociación; acuérdese que siempre quiere tener el control de la entrevista.

En cambio sabia pertinentemente que estaba realmente listo, entonces mi respuesta había sido muy clara y directa; sin dejar ninguna puerta de salida, le hice comprender que era ahora o nunca, que el lote reservado, no podía serlo eternamente. En cambio, con ese tipo de clientela, hay que saber que la firma es casi inquebrantable, cuando una persona firma vuelve difícilmente atrás, al menos que intente engañarla.

El sentimiento de frustración durante la negociación

Ese tipo de sentimiento es negativo durante todas las negociaciones, que sea una

compra directa con un precio bajo o una compra reflexionada, pues con un precio medio o elevado; ese sentimiento que no es saciado puede volverse contra la venta.

El sentimiento de necesidad de negociación está grabado en los genios de la humanidad. En ciertos países el empleo de esa práctica ya no es actual, pero no queda menos que es realmente una necesidad.

Por ejemplo: el año pasado, me fui de viaje a Tunes. Podemos decir que el uso de esa práctica en ese país es muy reforzado. Imagínese pues un turista europeo, que no usa esa práctica, será muy difícil para el de hacer buenos negocios, porque los precios apuntados o dichos se basan en una negociación (pues con precios que empiezan generalmente muy altos).

Durante mi viaje, me distraía mirando a los turistas que iban como yo al mercado. En general después de un día de adaptación, le puedo asegurar que el talento de negociador ha salido rápidamente a flote. He podido notar que algunas personas quien aparentemente no habían nunca negociado un precio, eran las más fuertes en esta relación; es como si hubieran nacido con esa práctica.

Puestos a parte los diferentes métodos de negociación, lo que observaba era por una parte, el fervor de sus métodos, pero sobre todo lo que me importaba más; eran sus sonrisas al final de la negociación pues a la compra realizada. Ese tipo de sonrisa en ese momento bien preciso es sinónimo de alivio, de evacuación de una tasa de estrés. La persona en ese momento preciso se siente mucho mejor porque inconscientemente ha saciado una necesidad, pero sobre todo tiene la sensación de haber ganado.

Eso para decir que durante todas las negociaciones, a parte del aspecto positivo del proyecto, y también a parte de la seguridad del proyecto los clientes tienen que volver a sentir ese sentimiento, enterrado pero real de negociación.

Le daré otro ejemplo concreto:

En mi trabajo actual, informo a la gente sobre un plazo de retiro bien definido, un invierto en una residencia con un estatuto de "alquilado amueblado no profesional", en otras palabras, plazos inmobiliarios asegurados. La presentación se hace alrededor de las residencias, del precio, y, punto muy importante: alrededor de la rentabilidad.

Con ese tipo de plazo, en todos casos en mi empresa actual, ninguna negociación es posible, ni en precio, ni en rentabilidad, ni en condición; el hecho es que en mi empresa, todo ha sido calculado justo para que el plazo sea realmente rentable y funcione lo mejor posible, entonces no queda sitio para cualquiera negociación, porque todo ha sido bien definido.

Está claro que, con ese tipo de situación (imposibilidad de negociar), la frustración es grande. El sentimiento de negociación (ser ganador) es ausente. El riesgo es que, si tenemos que volver a llamar al cliente para coger otra cita, se puede que al final la persona le diga que lo ha pensado bien y que el proyecto no está hecho para ella.

No diré que todas las personas rechazan el proyecto en causa de esa frustración, pero debe insertar ese riesgo de pérdida con relación a ese sentimiento.

Tiene que encontrar un método con ese tipo de situación que sirva para atenuar un poco ese sentimiento. Por mi parte, utilizo lo que nombramos el cheque de reservación que, en mi empresa, esta enviado al notario y puesto bajo una cuenta embargada, pues al final no entra en las cajas de la empresa (enseguida). Para paliar ese sentimiento, procuro que ocurra una negociación, así puedo tranquilamente cerrar todas las otras puertas (condiciones, precios, rentabilidad). La regla quiere que el cheque de reservación corresponda a un 5 % del importe.

Tenemos realmente dos clases de personas: las que automáticamente me preguntaran cuando ese cheque estará ingresado y si podemos bajar ese porcentaje; generalmente mi respuesta es muy abierta, porque explico bien a quien está dirigido el cheque y que a la empresa no le gusta mucho ir en contra de esa regla. Pero en el momento de mis explicaciones, hago ya un cálculo con un porcentaje menor, cogiendo por ejemplo una escusa como "al ver que su proyecto se concretizará dentro de cinco meses, podré explicar a mi dirección el porqué de ese gesto", así generalmente calculo con un porcentaje bajo de los 3%, porque para una buena negociación, nunca hay que ofrecer.

La otra personalidad, son los que le preguntara cuando estará ingresado el cheque, pero no se atreverán a pedir una rebaja sobre el importe. Lo que no significa que no sienten frustración en la negociación, porque acuérdese, siempre es presente. En ese ejemplo negocio por ellas, notando la temporada que pasara antes de la finalización del proyecto, podre hacer una rebaja sobre el importe en porcentaje del cheque de reservación, aquí generalmente la persona está satisfecha como si lo había negociado ella misma, pues se siente ganadora.

Estoy seguro de que durante los próximos contactos con esas personas, un clima de serenidad se hará colocado, y si tengo que contactar una de esas personas para una segunda o tercera cita de conclusión, mi argumentación encontrara más sitio que si no hubiera quitado esa frustración.

Pensar positivo

Diferentes experiencias han sido realizadas para entender la potencia mental en relación con la potencia física, eso en diferentes sectores de búsqueda. Le daré un ejemplo que podríamos aplicar perfectamente a nuestra profesión "la venta".

Frecuentemente digo a mis comerciales que para convencer a un cliente, hay que ser si mismo convencido; porque nuestro cliente siente rápidamente ese aspecto.

Para algunos de ustedes, esta explicación puede parecer totalmente anodina, porque piensa hacerlo sistemáticamente; la realidad es que no somos robots, entonces cada día es un día diferente. Hay días que tendrá mucha marcha, y es cuándo podrá convencer a toda persona encontrada por su camino, otros periodos desgraciadamente serán menos fastos.

Existen dos espirales (referirse al libro:"manager, que buen oficio"): una ascendente y una descendente. ¿Quién no ha conocido un periodo cuando todo le parecía estar lo mejor posible y otro periodo cuando todo iba mal? Esos dos efectos están debidos al encontrarse en una de las dos espirales.

Cuando logramos hacer una venta, generalmente la entrevista que sigue suele ser una buena entrevista, y si mismo tendrá una sensación de bienestar; cuando fracasamos en una venta, puede estar seguro (sobre todo si pensamos haber hecho una buen entrevista) de fallar su próxima cita.

Volvamos a nuestra experiencia estoy seguro de que le ayudara a quedarse optimista y pues en la espiral ascendente.

Esta experiencia esta remitida en varios libros relativos a la venta, y seguramente la encontrara en algunas clases de comercio. A pesar de que generalmente cambian un poco las cifras y los pequeños datos de la experiencia, lo que no cambia nada a su fondo de explicación.

Le experiencia consiste en demostrar la potencia de nuestro mental. Unos psicólogos reunieron a 30 jugadores de golf de nivel equivalente, le pidieron realizar tiros de ocho metros, cada jugador debía realizar 10 tiros. Con 300 tiros realizados la media de éxito era de 44%. Luego los investigadores dividieron a los jugadores en tres grupos homogéneos y les pidieron un entrenamiento diferente de una temporada de una semana.

-Para el primer grupo, el entrenamiento consistía en hacer una hora de tiro por día, ni más ni menos.

-Para el segundo grupo el entrenamiento consistía en no entrenarse nada.

-Para el tercer grupo el entrenamiento consistía en imaginar con una gran concentración el éxito de todos los tiros, y eso en una hora por día.

Una semana más tarde a cada equipo se le pedí repetir la experiencia; el resultado es bastante sorprendente.

El primer grupo, el que se había entrenado, alcanza un buen tanteo de 46% (tanteo normal después de un largo entrenamiento).

El segundo grupo, sin entrenamiento, alcanza un tanteo de 42%.

El tercer grupo, con el entrenamiento mental, hace un tanteo de 47%.

Se puede notar que para tener éxito el entrenamiento directo es importante, pero se puede ver gracias a esa experiencia que el entrenamiento mental desempeña un papel dominante; "Pensar en el éxito es sinónimo de éxito".

Por mi parte, cuando voy a casa de un cliente, desde la primera cita, me posiciono psicológicamente en un entorno de éxito, es decir que proyecto mi cita a la hora de la firma imaginando a mi cliente firmando el contrato. Tratando así, la entrevista es menos tensa, el temor al "no" esta minimizado, el sentimiento de optimismo es concreto.

En resumen, imagínese siempre a su cliente firmando, lo verá, se sentirá más fuerte y entonces más seguro de sí mismo.

Segunda parte

Las tipologías

- **Diferentes tipología de cada persona**
- **El D.I.S.C.**
- **Resumen de cada estilo**
- **Consejos para los vededores**
- **Consejos para los managers**
- **Puntos importantes que memorizar para hacer firmar a sus clientes**
- **Conclusión de los cuatro estilos**
- **Diferentes gráficos de interés de compra por tipología**
- **Ejemplos de gráficos**

Diferentes tipología de cada persona

Antes de empezar la explicación de las diferentes tipologías tiene que ser consciente de tres puntos importantes:

1. Comprenderse si mismo
2. Saber escuchar, para comprender a los demás
3. Saber adaptarse rápidamente

Para una buena comunicación hay que comprender:

- nuestros limites
- nuestras percepciones
- nuestras fuerzas
- nuestros puntos flacos

Basándose en las investigaciones del Doctor William Marston (realmente las investigaciones empezaron con Hipócrates), es posible repartir los seres humanos en dos ejes. Si cogemos el ejemplo de un círculo, lo dividimos en dos, así: PN y PS; y luego lo separamos con un meridiano para obtener Este y Oeste.

Vera entonces que es fácil diferenciar a la gente que pertenece al hemisferio Norte, de los que se posicionan en el hemisferio Sur, y así simplemente pensando en nuestro planeta o en nuestro país. En cambio es más delicado hacer esa misma comparación en el meridiano Este que en el meridiano Oeste.

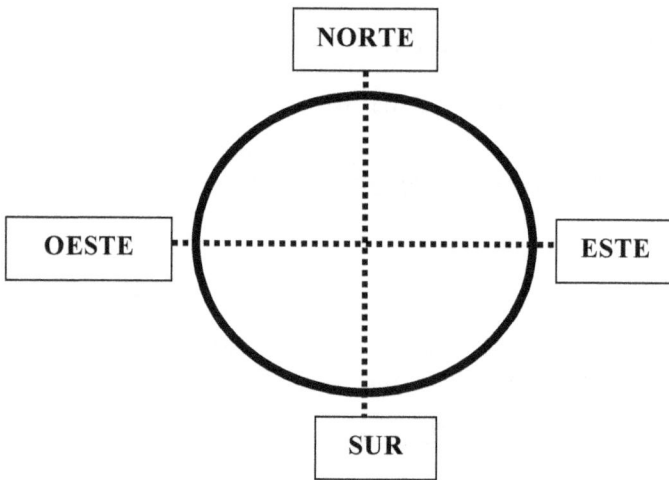

El doctor William Marston había posicionado cuatro tipologías diferentemente, empezando con la tipología "dominante" en el lado izquierdo del hemisferio

Norte, lo que significaba que la tipología "Influente" se encontraba en el hemisferio Norte.

Me preguntara: ¿por qué haber hecho cambios, al ver la grandeza de las investigaciones del doctor William Marston? La respuesta es simple: el doctor William Marston había creado esas disposiciones para una formación natural circular, es decir alrededor de un circulo; esas investigaciones estaban basadas esencialmente en criterios de tipologías que son los resultados de estudios directos de unos pacientes en un contexto político/económico de los años 30.

Mi trabajo consistía en hacer investigaciones para basar mis resultados en el contexto económico actual y de personalizar esas investigaciones para adaptarlas al mundo de la venta. Así cogiendo los puntos fuertes de cada tipología, el vendedor podrá utilizar mejor sus instrumentos de venta y entonces ser más eficiente.

Además, analizando profundamente las diferentes tipologías, me di cuenta de que podíamos disponerlas diferentemente para que puedan aplicarse a nuevos modelos, girando la disposición creada por el doctor William Marston de una vuelta de un cuarto hacia la derecha, he podido crear un nuevo sistema de comprensión divido por hemisferios.

Nota bene: los términos exactos utilizados por el doctor William Marston eran: DISC – dominancia, Influencia, Sumisión, Conformidad (Dominance, Influence, Submission, Compliance).

Luego uno de sus alumnos cambio un poco esos términos para volverlos un poco más apropiados a los resultados de diferentes experiencias nombrándolos: Dominancia, Influencia, Estabilidad y Consciencia (Dominance, Influence, Steadiness & Conscientiousness). Hoy no es raro de ver una mezcla de los dos, es además lo que utilizo: el Dominante, el Influente, el Estable y el Conforme (Dominancia, Influencia, Estabilidad, Conformidad).

DISC original del doctor William Marston

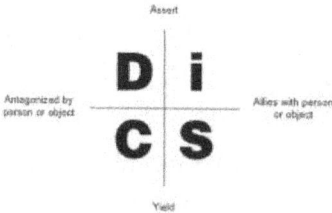

El D.I.S.C.

Después de haber hecho diferentes investigaciones sobre los DISC existentes, he concebido un genérico, pues que se puede adaptar en toda situación, a pesar de que mis investigaciones sean más bien basadas en la venta.

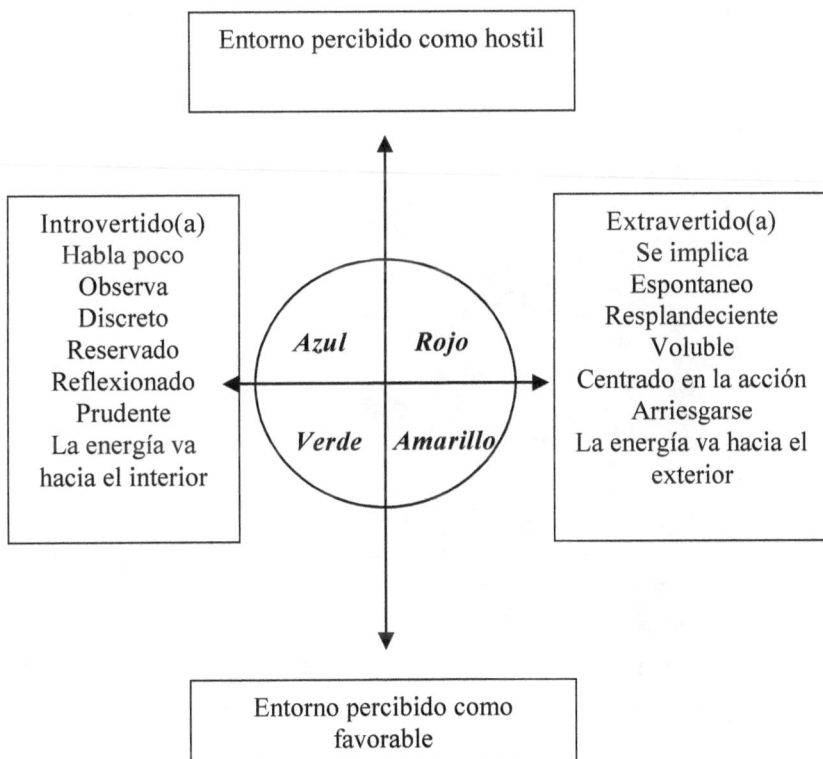

Entorno percibido como hostil

Introvertido(a)
Habla poco
Observa
Discreto
Reservado
Reflexionado
Prudente
La energía va
hacia el interior

Azul   *Rojo*

Verde   *Amarillo*

Extravertido(a)
Se implica
Espontaneo
Resplandeciente
Voluble
Centrado en la acción
Arriesgarse
La energía va hacia el
exterior

Entorno percibido como
favorable

Esos dos ejes, Norte/Sur y Este/Oeste, nos dan cuatro sectores bien definidos: Norte-Este, Norte-Oeste, Sur-Este, Sur-Oeste. Esos cuatro sectores pueden ser definidos como 4 familias de individuos que entonces corresponden a cuatro tipologías.

El dominante, el Influente, el Estable, el Conforme

¿Cuál es su manera de practicar una actividad?

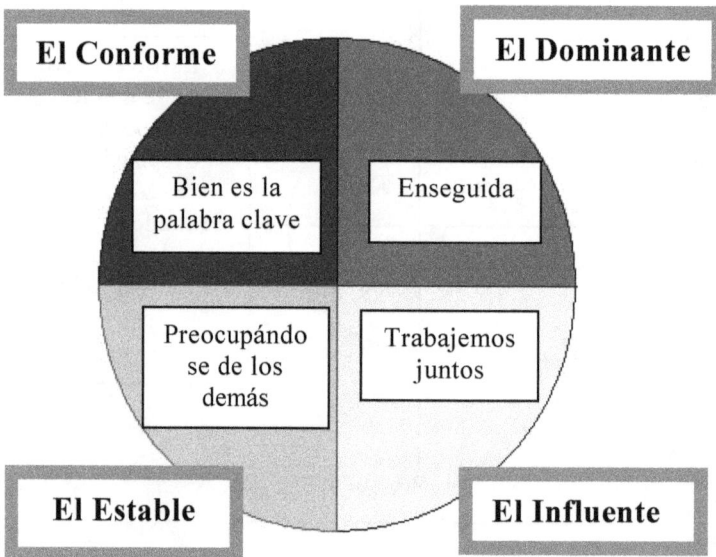

El Conforme

El Dominante

Bien es la palabra clave

Enseguida

Preocupándose de los demás

Trabajemos juntos

El Estable

El Influente

Aspectos que memorizar en los diferentes colores :

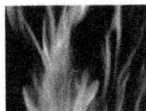

Rojo

Afirmativo, Luchador, Positivo

Amarillo

Jovial, Optimista, Expresivo

Verde

Calma, Amable, Reconfortante

Azul

Suelto, Objetivo, Analitico

Cada estilo tiene sus calidades y sus defectos; no existe el estilo perfecto. Por ejemplo un Influente (perfil de un empresario) encontrara dificultades para cumplir el oficio de experto (Conforme).

Es importante conocer su propio estilo para poder trabajar con los individuos de tipo opuesto.

¡Cuidado! No quiere decir que pertenecemos a una categoría única, porque hay que saber que cada ser humano tiene en sí mismo todos los estilos pero con una dominante.

Resumen de cada estilo :

Estilo Rojo

Las personas a dominante roja, son los luchadores del equipo; hiperactivos, son directas, desbordan de energía, son muy activos en la gestión de problemas y de los desafíos, son personas centradas en la acción. Les gusta el cambio, son exigentes, enérgicos, egocéntricos, tienen una fuerte voluntad, son determinados, ambiciosos y agresivos, son demostrativos, impacientes e impulsivos.

Frente a ellos: hay que mostrarse decisivo, hablar hiendo al grano, no hay que decidir en vez de ellos. Las personas que les caen bien son los individuos: directos, decisivos, ambiciosos, energéticos.

Se llevan muy bien con la gente de tipología "azul" y "amarilla".

Estlo Amarillo

Las personas a dominante amarillas, son espontaneas, demostrativas, muy persuasivas; pueden fácilmente influenciar a las otras tipologías solo con la palabra, adoran el contacto humano y son muy emocionales. Siempre hay que abordarlos de manera jovial. Muy entusiastas, optimistas siempre ven al vaso medio lleno. Se dejaran fácilmente seducir con nuevos proyectos que aceptarán enseguida.

En resumen el tipo "amarillo" es amical, tónico, comunicativo, entusiasta, convencedor, magnético, político, persuasivo, caloroso y demostrativo, seguro y optimista. No le gusta mucho las reglas y prefiere la independencia, es generalmente cabezón, de cortos alcances, arbitrario y descuida los detalles.

Frente a el: hay que mostrase optimista, abierto, ambicioso, y lleno de energía. Darle una gran confianza, responsabilidad e independencia.

Se lleva muy bien con la gente de tipología "roja" y "verde".

Estilo verde

Las personas a dominante verde, son más bien de naturaleza opuesta; son muy buenos aconsejadores, tienen realmente el sentido de la implicación y del desenlace. Siempre hay que presentarles los hechos con claridad. No les gustan nada los conflictos.

En resumen son personas, metódicas, calmas, modestas, fiables. Son gente que quieren informarse más antes de tomar una decisión a pesar de que a veces no la tomen nunca. Quieren vivir a un ritmo regular sin muchas novedades, pues no les gusta el cambio súbito. Una de sus palabras es "la seguridad". Esas personas son calmas, relajadas, pacientes, posesivos, previsibles, estables, coherentes.

Son gente cooperativa, prudente, agradable, modesta y apacible.

Frente a ellos: hay que darles confianza, darles la sensación de que todo va bien en la empresa, que no hay conflicto.

Se llevan muy bien con gente de tipología "amarilla" y "azul".

Estilo azul

Las personas a dominante azul, son de naturaleza reservada; muy capacitados para el análisis, con un sentido desarrollado por los detalles, son rigoristas. Hay que dejar a esas personas el tiempo de analizar las cosas, de juzgar, y sobre todo no hay que impedirles nada.

Están más influenciados por datos y hechos que por sentimientos. Respetan perfectamente las reglas. Rigurosos en el respeto de la estructura jerarquía, les gusta hacer un trabajo de calidad.

En resumen, son reservados, formales, cuidadosos, analíticos, reflexionados, prudentes, rigurosos, ordenados, sistemáticos, diplomáticos, precisos, lógicos, pesimistas y críticas.

Nota sobre las diferentes tipologías :

Podemos observar que cada estilo es el opuesto en diagonal del que le hace frente (ver matrices).

Ejemplo: el Conforme estimará que el Influente es aplicable y colérico, cuando al influente le costará trabajar con un Conforme; generalmente verá en él una persona quien busca los pelos al huevo, el que pierde tiempo en los detalles que nos sirven de nada.

El dominante, también tendrá muchas dificultades con un Estable, lo juzgará demasiado lento, flojo. Y el Estable verá al Dominante como una persona rígida y sin sentimiento, un dictador.

Con esos cuatro estilos, podemos notar que es importante conocerse en fin de comprender nuestra situación en esa matriz, y eso para trabajar mejor, o simplemente para vivir con los cuatro estilos en la sociedad.

Consejos para los vendedores

Adaptando simplemente nuestro lenguaje, nuestra gestual, nuestra forma de pensar, a la situación, podremos conducir una entrevista de venta con un resultado mucho más seguro.

¡Cuidado!, no quiero decir que hay que mudarse en cada circunstancia, pero más bien adaptarse sin por tanto esconder su estilo.

A mi parecer, es muy importante comprender el estilo del cliente que tendrá en frente suya. Es verdad que no tenemos siempre un conocimiento anticipado del estilo de nuestro cliente. Además para ciertas profesiones, tenemos que convencerlo en aceptar una primera cita.

Es entonces muy importante de situarlo desde nuestra llegada (ver "rompe hielo") con el sistema propuesto enseguida podrá entrever el posicionamiento del cliente con respeto a la matriz.

Dominante roja

Por ejemplo el estilo rojo cojera el control de la discusión, antes de presentarse.

Ejemplo: se sienten alrededor de una mesa; el procedimiento querrá que empieza la presentación, y aquí, al contrario es él quien le dirá porque le ha llamado.

Con un persona de ese estilo, es inútil, y insisto es realmente inútil hacer un charloteo comercial. Haga una presentación concisa de la empresa, de los programas, de los productos, y vaya directamente al clave de la entrevista.

Concluya la entrevista indicándole las fechas para la firma de contratos; las fechas tienen que ser próximas, porque como se lo recuerdo, es un luchador, no tiene tiempo que perder. En cambio, déjele escoger la fecha para la firma; es muy importante que lo haga, o más bien que crea concluir la entrevista.

Dominante amarilla

Si su cliente es más bien de dominante amarilla, generalmente le recibirá con una gran sonrisa, le acompañará hasta su silla, le hablará de dos o tres cosas que no tienen nada que ver con su visita, y le dejará hablar. Siempre tiene que presentar a esas personas el proyecto como un sueño, siempre parezca un hombre optimista.

Apunte las ventajas y no entre en los detalles de tipo contable o financiero, puesto a parte lo que toca directamente su cartera; por ejemplo, en mi trabajo: "la rentabilidad".

Dominante verde

Si su cliente es más bien de dominante verde, le recibirá de manera similar a la tipología amarilla. Generalmente, desde su llegada le propondrá, algo de beber y le preguntará si ha hecho buen viaje, si ha encontrado fácilmente la casa, etc.

Con ese cliente, también se optimista, ponga en relieve las ventajas del proyecto, para él y para los demás. No hay que entrar mucho en los detalles contables, pero siempre pregunte lo que opina; hay que hacerle participar.

Dominante azul

Si su cliente es más bien de dominante azul, tendrá un contacto bastante directo, cuando le recibirá.

¡Cuidado! en cuanto a los otros clientes, siempre hay que llegar a la cita con adelanto. Hay que presentarle el proyecto punto por punto, y antes de pasar al punto sucesivo, preguntarle lo que opina, y si tiene preguntas. Al final de la entrevista, todo tiene que estar claro, a esa persona, le gusta que le presenta las cifras (al contrario de los otros clientes) pues se conciso en la presentación y pase más tiempo con las explicaciones.

Puntos que memorizar: no hay que precipitarse en el cierre de trato porque son gente que toman tiempo antes de comprometerse; si los precipita, corre el peligro de crear una barrera.

Consejos para los managers

Si es manager, tiene aquí algunos criterios esenciales para trabajar con cada uno de esos estilos. Pero para tener un complemento de información, repórtese al libro "Manager, que buena profesión".

El dominante, los militares, el director, los empresarios.

Hay que darles responsabilidades, objetivos. Son personas que se expriman frecuentemente, por ejemplo: en reuniones, hablan muy deprisa y son muy directas.

Puntos importantes que memorizar: vaya directamente al grano, dele responsabilidades.

El influente, empresarios, encargados.

Al contrario del estilo dominante, tiende más bien a exprimir sus emociones y a afirmarse. Se exprime más frecuentemente que los demás, habla deprisa, y cambia de tono de voz.

Puntos importantes que memorizar: debe valorizar sus acciones y felicitarlo muy a menudo.

El estable, negociador.

Esos individuos, como el influente, tienden a exprimir sus emociones, pero hablan lentamente, de manera reflexionada y, como el influente, con tonos de voz.

Puntos importantes que memorizar: debe escuchar, hacerles participar a las reuniones del proyecto, solicitar sus ayudas.

El conforme, el investigador, el experto.

Es gente reservada quien controla perfectamente sus emociones. Sus voces son discretas y a veces hasta monótonas.

Puntos importantes que memorizar: debe tranquilizarlos y cumplimentarlos sobre sus trabajos.

Puntos importantes que memorizar para hacer firmar sus clientes

En cuanto a los diferentes estilos, tendrá diferentes conclusiones posibles, en fin de obtener la firma de su cliente. Le citaré unos ejemplos que podrán ayudarle.

Esa ayuda para la conclusión no puede ser considerada como instrumento único, porque ese instrumento funcionará solo si ha hecho un buen trabajo en la entrevista.

No puede ser considerada como milagrosa pero más bien como esencial, entonces hay que verla como un instrumento excepcional pero que no puede estar utilizado solo.

Otro punto importante: en todos casos, el efecto penuria funciona. En cambio hay que saber utilizarlo en modo sincronizado con el estilo de personas. Ejemplos:

Para el color rojo

Utilizar el término rápido:" Hemos comercializado ese proyecto hace solo dos meses, y ya no queda casi nada en las reservas. Muchos inversores están interesados y entienden que es un plazo muy bueno porque es rápidamente rentable".

Para el color amarillo

La frase sería casi la misma, pero, concluyendo que es un proyecto con futuro, que se pueden proyectar tranquilamente a largo plazo, demuestre su convicción como si lo imaginaria; haga un dibujo y añade detalles de sueño. Esa persona le seguirá fácilmente en su descripción, porque tiene una imaginación desarrollada.

Para el color verde

Son personas con las cuales podríamos cerrar el trato desde la primera cita. Generalmente, siempre dicen que sí, no saben muy bien tomar decisiones; pues para que no se instale una confusión en ellos, hay que tomar la decisión por ellos.

Por ejemplo dirigiéndoles, pues eligiendo por ellos el programa y el precio. En cambio hay que insistir en la bondad del programa. Por ejemplo durante la venta de apartamientos para ancianos, bien acentuar el hecho de que faltan residencias así, y que en el futuro la situación será peor, y que los ancianos tendrán aún más dificultades para alojarse.

¡Cuidado! Con esas explicaciones no quiero decir que hay que ser manipulador, pero más bien ser buenos aconsejadores.

Para el color azul

Hay que utilizar un sistema conciso, exprimir los detalles, porque para esas personas los detalles son muy importantes. Explique los cálculos lo mejor posible, haciéndolos directamente con ellos en un formulario ya preparado y no en una hoja suelta. Todo tiene que estar organizado, preparado; a esas personas no les gustan la improvisación.

Las diferencias en la venta

Si utilizamos los cuatro estilos de colores, pues de personalidad, algunos les dirá que no hay realmente diferencias al nivel de la venta, estiman que si ha hecho bien su presentación, su explicación y su conclusión, tendrá la misma suerte de obtener una firma con una o con otra tipología.

Yo no estoy de acuerdo con esa definición. Para mí, a pesar de que no hay estilos mejores o peores, en cambio hay estilos más fáciles que otros para el cierre de trato. Por supuesto, depende del producto comercializado. En mi caso por ejemplo, pues una venta de bienes inmobiliarios para invertir, hay claramente una jerarquía; aquí los tomaré en cuenta del mas fácil al menos evidente.

En realidad, dividiré la matriz en dos, pues considerando los dos de arriba separados de los dos de abajo. Para mí el grupo de abajo "Amarillo y Verde" es más fácil para firmar que el grupo de arriba "Azul y Rojo".

La diferencia está en las temporadas: en el primer grupo, todo tiene que estar acercado, la primera cita, conclusión entusiasta, y la segunda cita de firma siguiendo las zancadas. Si espera demasiado, el interés caerá y las personas estarán ya psicológicamente en otro proyecto.

Con el segundo grupo "Rojo y Azul", el punto en común entre los dos son los hechos: "¿Cuánto cuesta?, ¿Cuánto gano?, ¿Cuáles son las modalidades del invierto?"

En cambio hay una diferencia entre las dos tipologías en las temporadas; si para el color rojo podemos decidir una fecha muy cercana para la firma (atención, siempre tenemos que dejarle elegir entre varias fechas), lo que irritara el color azul; puede proponerle otra cita, mismo cercana, pero el tema de la cita será más bien de volver a ver juntos los puntos y avanzar en el proyecto. Lo que quiere decir que generalmente, con el estilo azul, se arriesga en tener tres o cuatro citas antes de obtener la firma del contrato.

Conclusión de los cuatro estilos

Imaginémonos en una reunión con los cuatro estilos presentes, alrededor de una mesa; la reunión puede salir bastante divertida.

Por ejemplo presentando una nueva residencia con nuevos precios y una nueva rentabilidad:

El estilo Amarillo : se precipitara en el proyecto, " ¡Súper proyecto, muy buen precio, excelente rentabilidad, vamos!"

El Azul : "No hay que precipitarse, tenemos que analizar primero nuestro discurso y sobre todo saber cuáles son las ventajas"

El Rojo : "¡ya vale, hemos discutido bastante, no vamos a perder el tiempo en ello, decidimos rápidamente de una estrategia, y punto!"

El Verde : "cálmese, deje de agitarse, vamos a discutir y estoy seguro de que encontraremos una solución que convendrá a todo el mundo".

La capacitad de adaptarse al comportamiento de nuestros clientes, los ponen cómodos, y aumenta nuestra capacitad de éxito.

Palabra importante que memorizar: "adaptabilidad".

Los diferentes gráficos de interés de compra por tipología

Vamos a tratar aquí del grafismo de impulso de compra o de interés de compra. Cada individuo pertenece a una tipología de personas; definiré aquí cuatro gráficos diferentes, uno para cada tipología.

El grafico está visualizado en tres campos bien distintos. El primer campo, o primera fase es la subida de interés. Durante el desarrollo de nuestras explicaciones, debemos entrever y anticipar las preguntas posibles, se puede decir que cada respuesta positiva es un paso hacia el tope, así que cada si pronunciado por el cliente equivale a dos puntos, o si estamos ya al tope, a un prolongamiento del interés.

La segunda fase es la del nivel máximo de interés por nuestro producto; aquí, lo importante es darle peso al gráfico de interés mayor. Debemos tirar la carta de las ventajas, añadir a nuestro discurso los puntos importantes revelados por el cliente. Cuando todos los puntos están abordados, debemos poner en evidencia el interés que tienen numerosos clientes por este mismo producto y luego tirar la carta de la penuria.

La tercera fase es la del declino del gráfico. La duración de esa fase depende o más bien cambia para cada tipo de cliente; en cambio hay similitudes entre los clientes de misma tipología.

Por ejemplo: con la tipología amarilla, veremos que la rapidez del declino del gráfico se parece al gráfico ascendente, significa que ese tipo de persona estará rápidamente seducido por el proyecto, y tendrá un fuerte interés por la adquisición, y entonces será muy pronto convencido de la compra. Pero si no finalizamos rápidamente la venta, nos arriesgamos en tener la misma evolución del gráfico pero al sentido contrario, en ese caso nuestro gráfico, a pesar de que vuelva a la descripción del proyecto, si establece mas condiciones aún, el gráfico nunca podrá llegar al tope como anteriormente (ver gráfico tipología amarilla).

Ejemplos de gráficos

Tipología Roja

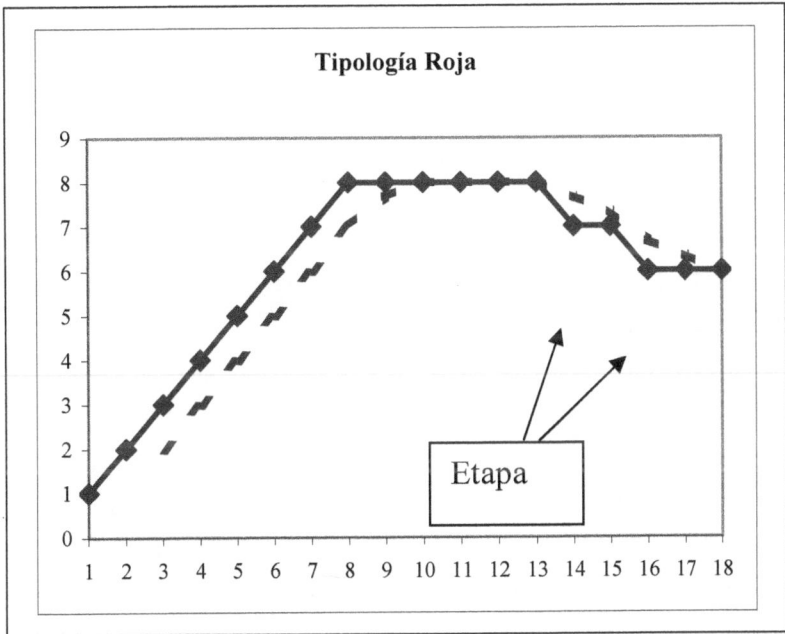

Tipología Roja

Etapa

Debe tener entre manos muchos puntos interesantes para poder incrementar el gráfico de esa tipología, porque como lo puede notar la cuesta para llegar al tope del gráfico es lenta. Debe explotar todos los puntos positivos de su producto y bien situarse en las diferentes fases de la entrevista. En cambio si la subida en potencia, es dura, el punto positivo, es que el interés se mantiene durante una larga temporada.

Como cada gráfico de interés, ese también caerá; la diferencia con otros gráficos, es que su caída es lenta, pues a pesar de que tome una cita un poco más tarde que habitualmente, puede estar seguro de que no es un cliente perdido (cuando digo: "más tarde", no exagere; porque la caída es inevitable).

Si observamos bien a la caída de esa tipología, vemos que baja gradualmente. Lo que quiere decir que cada grado depende de una reflexión. Tenemos cita con nuestro cliente para el cierre de trato durante los primeros grados, se irá de su casa con un contrato rellenado. En cambio, si ha esperado demasiado y se encuentra en grados con caída libre, se arriesga en irse sin haber vendido nada (en verdad, es posible que sea el cliente quien le llame para anular la cita).

Conclusión: no tenga ninguna precipitación inicial, desarrolle su argumentaría punto por punto y cuando alcancé el tope, lance la conclusión, bien seguro siempre respetando a la conclusión adaptada a esa tipología.

Tipología Amarilla

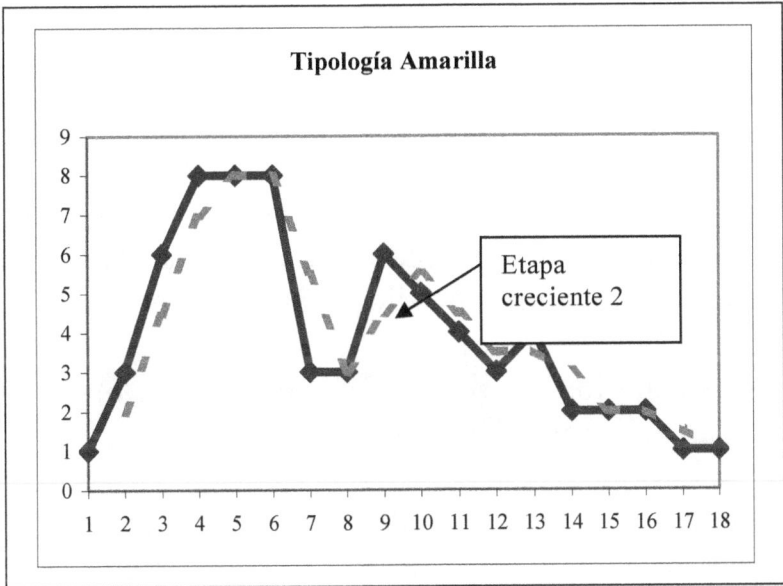

Tipología Amarilla

Con la tipología amarilla observamos un gráfico muy interesante, en el punto de vista del interés y también con el desinterés total por el proyecto. Podemos notar que el interés por un proyecto tiene una ascendencia muy rápida, es simplemente porque las personas de tipología amarilla mezclan fácilmente el sueño y el cálculo. La duración de estagnación al tope es mínimo, quiere decir que si quiere cerrar un trato con ese tipo de cliente, o coge otra cita o lo convence de firmar inmediatamente.

Podemos notar que el gráfico descendente, después de la atenuación del tope, es casi el mismo que el gráfico ascendente inicial, se traduce por una necesitad psicológica de cambio; esa persona se implica realmente en el proyecto para pasar a otro proyecto (ver tipología amarilla). Una vez la bajada comenzada, si acaba de empezar, aun podrá recuperarlo incluso si no ha alcanzado la primera punta. Después del segundo grado, podrá considerar a ese cliente como perdido para ese proyecto al instante "T".

Con esa tipología debe utilizar al máximo al efecto penuria, así como al sistema de acusación.

¡Cuidado! Cuando hablo del efecto o del sistema de acusación, hay que utilizarlos inteligentemente, si el cliente se siente agredido ningún sistema funcionará entonces tendrá que forzarlo a salir de la piscina sin empujarlo.

Conclusión: Para cerrar el trato con clientes de esa tipología, debe conseguir poner en evidencia los puntos positivos del proyecto, por ejemplo: mezclando rentabilidad y sueño (generosidad y belleza del proyecto).

Tipología Verde

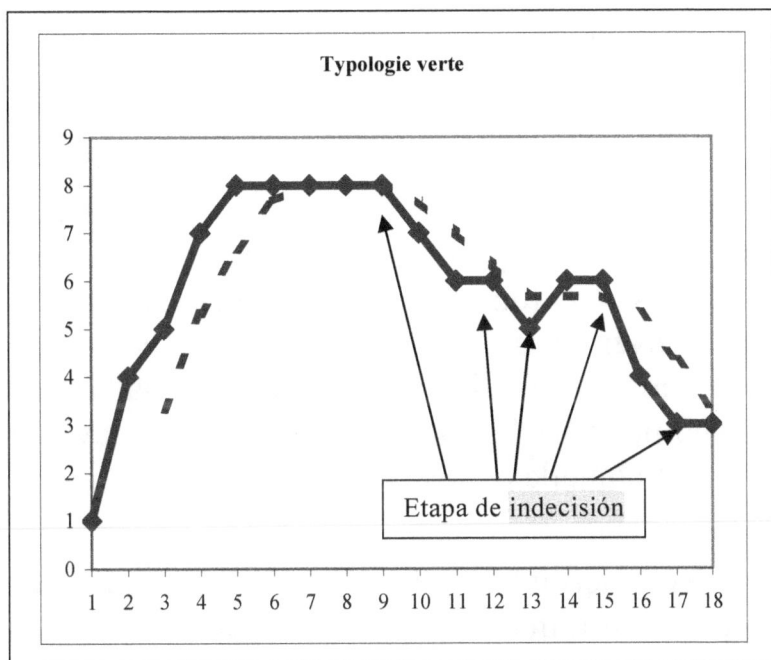

Typologie verte

Etapa de indecisión

Aquí trata de una tipología muy interesante, en el sentido de que la curva de interés es tan rápida que la de la tipología amarilla, por supuesto hay que adoptar la buena estrategia, lo que significa: utilizar una mezcla de cálculo y de sueño. El grado al tope del interés es casi inexistente y la baja de esa curva es particular, porque baja constantemente con micro-grados.

Esos micro-grados de indecisión están dados al carácter de esa tipología (ver tipología verde). Esas personas van a ser muy rápidamente interesadas por el proyecto, el efecto penuria y el sistema de acusación funcionan plenamente con esos clientes.

¿Para qué ese tipo de micro-grados? Simplemente porque a esas personas no les gustan tomar decisiones y entonces cada vez que están al tope, están convencidas del beneficio del proyecto pero lo temen, lo que explica las pequeñas rodadas. ¿Por qué son pequeñas? Simplemente porque todavía está en la cita con ellas.

Una vez terminada la entrevista deberá muy rápidamente tomar cita con esas personas casi más rápidamente que con las personas de la tipología amarilla, pero lo mejor si lo puede, es hacer que firme el contrato directamente.

Si toma cita, puede esperarse a que el cliente lo vuelva a llamar antes de desplazarse, o para que responda a algunas preguntas tranquilizándolo, o simplemente para anular la cita (es casi cierto si cae en su contestador) porque esas personas generalmente no se atreven a decir que no directamente.

Conclusión: para que esos clientes firmen, ponga los puntos positivos en evidencia, haga cálculos con una mezcla de sueño, pero a lo contrario de la tipología amarilla, insista sobre el punto con carácter social. Ejemplo: en mi actividad, evidencio la generosidad del proyecto de las residencias para personas mayores porque hay una demanda importante, y desgraciadamente no siempre encuentran un sitio donde ir.

Ve aquí que hay una mezcla entre la rentabilidad y el social. Puntos importantes y ciertos: si siente que la persona está interesada pero vacila mucho simplemente por temor, no dude en utilizar el sistema de acusación en fin de hacerle firmar. Algunos dirán que parece ser una venta killer, pero como se lo decía en el libro, para mí una venta es una venta.

Tipología Azul

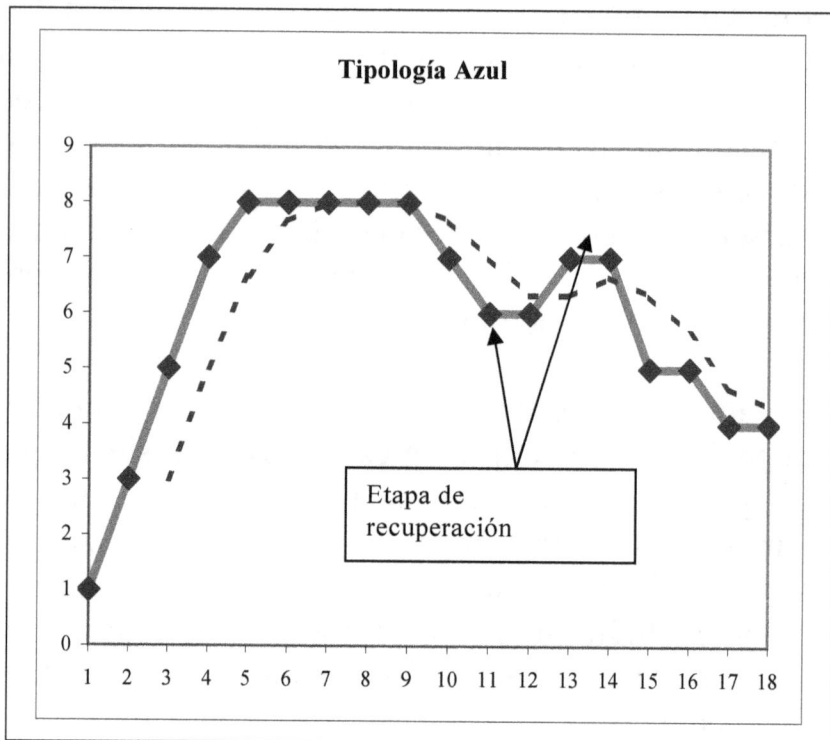

Tipología Azul

Etapa de recuperación

La tipología azul se parece un poco a la roja con un poco de tipología verde. Se parece a la tipología roja por su mantengo bastante largo al tope y por su caída ralentizada, en cambio se parece a la verde por su crecimiento y también por su escalón de recuperación.

Algo muy importante que memorizar: la velocidad de la ascendencia de la curva no es dada al sueño como para la tipología verde sino a la comprensión y al valor de las cifras, porque como se lo recuerdo, esos clientes atribuyen importancia sobre todo a las cifras. Entonces podremos notar una semejanza con la tipología roja, pero a la tipología azul le gusta más los ejemplos elaborados acerca de cálculos de rentabilidad et factibilidad y aprecia mucho los detalles punto por punto.

Con esas personas podría coger las citas en un periodo que no excede el periodo tomado con la tipología roja, pero podrá permitirse alargar el tiempo relacionado con la tipología verde.

Los dos grados de recuperación son para usted dos otras posibilidades para que su cliente firme (si las temporadas se alargan), en cambio, para volver a subir el interés del proyecto, tendrá que llevarle nuevas cifras.

Punto importante: como para la tipología verde, si entre dos entrevistas, se produjera algo en el mercado que no le convenga (miedo pues indecisión), no concretizará el proyecto con usted, pero al contrario de la tipología verde, le dirá que NO.

Conclusión: para que firmen sus clientes, utilice todo lo que sabe sobre las cifras del proyecto, haga participar su cliente los más posible a la entrevista (ver tipología azul), aplique el acuerdo parcial y imponga una cita (fecha y hora).

Tercera parte

Los argumentos en contra de la venta y como superarlos

- Los motivos que impiden cerrar el trato
- los diferentes fallos por los que se pierde una venta
- La droga del vendedor y la ilusión del cliente
- Sistema de acusación
- El compromiso parcial

Los motivos que impiden cerrar el trato

Durante la entrevista comercial hemos desenrollado nuestra introducción como un verdadero profesional, hemos empezado la conclusión en total confianza, cuando una escusa se pone a través de nuestro camino. Pensábamos haber respondido a todas las preguntas, que el cliente estaba completamente convencido, que no haría ninguna objeción, de cierta manera pensábamos que todo era fácil. Pero es cuando el cliente vuelve al centro de la piscina, alejándose así tranquilamente, lejos de la responsabilidad de la elección.

Voluntariamente, hago aquí un discurso imaginado en fin de explicarle que todo cliente, cual sea su tipología, puede encontrar una o varias escusas para evitar firmar. Veremos algunas escusas posibles, y veremos cómo superarlos.

Tengo que hablarlo con alguien

¿Qué hay que hacer? ¿Es una real objeción o una tentativa de huida?, porque tenemos aquí esas dos posibilidades. Sea lo que sea, lo mejor es hacerle frente directamente, así entenderemos mejor nuestro cliente.

Si realmente debe hablarlo con alguien, en ese caso, no podemos hacer otra cosa que entenderlo, o intenta huir porque quedan puntos oscuros.

La frase reveladora es "Entiendo que deba hablarlo con su esposa, pero si solo dependiera de usted, ¿Qué es lo que haría?". Es aquí cuando tenemos suerte de ver a la persona revelarse; o encuentra otra escusa o se demuestra totalmente convencida por el proyecto, en ese caso la frase siguiente sería: "Al ver su convicción por este proyecto, ¿Cómo podríamos convencer juntos a su esposa?". Es así como nos encontramos aliado a nuestro propio cliente.

Las tipologías que pueden utilizar esa objeción son: la tipología Amarilla, Verde y Azul.

Tengo que pensarlo

Aquí, nuestro cliente quiere claramente volver al fondo de la piscina, en ese caso debemos buscar las preguntas que se han quedado sin respuestas, porque en general se trata bien de eso.

Una frase clave: "¿Hay algunos puntos que le hace no decidirse?". Debe quedarse en una pregunta que se centra en el proyecto, el peligro es de querer atenazar a todo precio nuestro cliente; se sentirá agredido actuando así y entonces encontrar una escusa de cierre.
 Por ejemplo: "¿Le puedo ayudar a reflexionar?" o "¿Para que pensárselo?" son términos que no hay que utilizar, porque el cliente tendrá un automatismo, o diciéndole: "Tengo que míralo con perspectiva", o le dirá: "Tengo el derecho de pensarlo". En los dos casos, corre el peligro de un cierre completo.

Las tipologías que pueden utilizar esa objeción son: la tipología Amarilla, Verde y Azul.

Tengo que mirar a la competencia

Generalmente con esa objeción sabe que no se irá con un contrato firmado. En cambio, podemos hacer adherir al cliente a un compromiso parcial, por ejemplo, jugando al juego de la penuria.

Si siente que el cliente tiene observaciones sobre el precio o la rentabilidad, hágalo adherir a la idea de reservar un lote, así se convence de coger un lote que corresponde a su necesitad, pero teniendo la sensación de no estar completamente comprometido. Insisto en "completamente", porque actuando así, en realidad, se compromete moralmente.

La única manera de defenderse contra ese tipo de objeción, es de ser directo: **"Entiendo su deseo, pero ¿Me pudiera decir lo que la competencia le podrá ofrecer en comparación a mi propuesta?"**. Aquí muchas preguntas son posibles; o quiere hablar del precio, en ese caso, utilizar la formula: **"Si lo entiendo bien, está convencido del proyecto, del modo de invierto y si el precio corresponde a su espera, ¿Sería listo para ser cliente?"**. Si le hace una real objeción, está interesado por nuestro proyecto, pero todavía se encuentra nadando libremente en la piscina, entonces hay que volver a explicar los puntos esenciales en fin de atraerlo de nuevo hacia sí.

Las tipologías que pueden utilizar esa objeción son: la tipología Roja y Azul.

Ahora no, pero es algo que quiero hacer

Aquí tenemos dos soluciones posibles: o realmente no puede tomar actualmente la decisión o se quiere librar de nosotros. La mejor forma de saberlo es de preguntárselo: **"¿Qué es lo que le hace pensar que será mejor más tarde que hoy?"**.

Las tipologías que pueden utilizar esa objeción son: la tipología Amarilla y Verde.

Me interesa, vuelva a llamar la semana que viene

Aquí, nuestro cliente quiere volver a nadar en la piscina y nos dice: "No se preocupe, saldré solo".

Su demanda de volver a llamarlo para que tenga el tiempo de pensar, no vale nada. Peor aún, esa sensación está alimentada por nuestro deseo o nuestra ilusión de haber ganado una firma.

Así, generalmente con esa escusa los comerciales, se van con una gran sonrisa y pensando: "Está casi conseguido". Esta sensación se mantiene hasta volver a llamar a su cliente, y aquí todo se derrumbe. Su cliente ya no responde u otra persona le dice que es ausente sino siempre lo atiende el contestador. Sea lo que sea para la mayoría de los casos, es un cliente perdido.

Hay seguramente puntos bloqueantes en nuestro argumentación, tal vez hemos identificado mal la tipología de la persona.

Hay que intentar volver a ver los puntos fundamentales del proyecto y luego intentar obtener un compromiso parcial, es decir por ejemplo en mi caso, elegir y reservar un lote correspondiente al valor del invierto y acortar el plazo de la llamada.

Las tipologías que pueden utilizar esa objeción son : la tipología Roja, Amarilla, Verde y Azul.

Si pero, no sé .....

Podemos ver esa objeción como un "hablar por hablar", es decir que las preguntas del vendedor se convierten en objeciones para el comprador y viceversa.

Hablamos por hablar sin nunca tomar decisiones verdaderas. Son clientes a quienes les dan miedo las responsabilidades y en vez de hacer una mala compra, hacen que la negociación se convierta en un discurso sin fin de preguntas y respuestas.

El hecho es que los comerciales, siempre temen un No al final de la negociación, y prolongan ellos también esa interminable discusión.
Cuando se acumulan las objeciones, hay que saber pararlas. Tiene que bien analizar la situación: ¿Son realmente preguntas oportunas? ¿Porque la persona quiere ser precisa en su elección?. O más bien : ¿El único objetivo de seguir a continuación esa conversación es de poder hablar con alguien?.

Para conocer esa posición, debemos referirnos a la tipología. Si es una persona de tipología azul, entonces necesita más detalles, si es una persona de tipología verde, hay que parrar.

La manera la más eficaz de salir adelante es de transformar la ultima objeción en un acuerdo. Por ejemplo: el comercial dice: "Si lo he entendido bien, esa residencia le interesa, ese invierto le interesa, y la rentabilidad es lo que quería, pero el precio de los apartamentos es un poco alto". El cliente: "Si efectivamente, todos los puntos están reunidos pero el precio es demasiado alto". El comercial: "Entonces, ¿si le encuentro un apartamiento más barato en esa residencia, sería cliente?".

Así el comercial impide que el cliente haga una objeción. Gracias a ese mecanismo, el comercial recoge el dominio de la entrevista y lo pone frente a un hecho consumado: o se compromete, o termina la entrevista.

Las tipologías que pueden utilizar esa objeción son : la tipología Verde y Azul.

¿Tiene un folleto o un fascículo?

Aquí, la negociación ha seguido un camino equivocado, el cliente quien no se atrevía a decirle No, se invento una escusa muy vieja: "Deme más información que leer". El hecho es que, en ese caso, frecuentemente los comerciales piensan en lo mismo, es decir que sobre todo no quieren escucharse decir que NO.

Lo mejor es entonces afrontar directamente el cliente, diciéndole que está aquí para explicarle todo lo que podrá leer en el fascículo, que es el momento para aprovechar tener explicaciones bien precisas.

Generalmente, o el cliente se dirige hacia otra objeción, o le dice que no le interesa.

Las tipologías que pueden utilizar esa objeción son : la tipología Amarilla, Verde y Azul.

No me gustan las decisiones rápidas

En ese caso, la objeción se puede dividir en dos partes: o se junta con la escusa que sigue, o hay un punto que bloquea el cliente. Aquí también, lo mejor es de preguntar directamente: "Creo entender que hay un punto que le impide decidirse".

Encontrará dos eventualidades: o la persona pasará a la escusa siguiente, pues diciendo que no se decide nunca a la primera cita, o tocará el punto que la retiene.

Las tipologías que pueden utilizar esa objeción son : la tipología Roja y Azul.

Nunca firmo la primera vez

Con esa objeción, hay dos caminos posibles: o está en frente de una persona de tipología roja o azul - en ese caso, una de las únicas cosas que hacer es obtener un compromiso parcial y una segunda cita- o está en frente de una persona de tipología amarilla o verde, entonces en ese caso tiene que forzar la venta con una frase tal como: " ¡Venga lanzase! ¡Veo que adhiere al proyecto, estoy seguro de que mañana me llamara, dándome las gracias!". O utilizando el "sistema de acusación" (ver el capítulo "La droga del vendedor y la ilusión del cliente").

Las tipologías que pueden utilizar esa objeción son : la tipología Roja, Amarilla, Verde y Azul.

Los diferentes fallos por los que se pierde una venta

Hablar demasiado

No lo sabemos, pero hablar demasiado es peor que el silencio. Exagero voluntariamente; el hecho de hablar demasiado por una parte corre el peligro de coger demasiado tiempo sobre la escucha de nuestro cliente y, por otra parte, lo más peligroso es que no llegamos a percibir el punto culminante de la curva del interés. Actuando así sin saberlo corremos el peligro de adelantar y de empezar la caída.

En ese caso, la importancia del reconocimiento de la tipología es enorme porque según el caso podremos adaptar el tiempo de discusión.

Expresar mal una idea

Aquí, no se hizo el reconocimiento de la tipología, por una parte, no consiguió situar al cliente, y por otra parte, se alejó en su explicación olvidando completamente el sentido de la escucha.

Sepa que ese tipo de cita, no le traerá nuevos clientes. Si constata ese tipo de fallo, por una parte, todavía debe esforzarse en el reconocimiento de la tipología (hecho muy importante) y, por otra parte, debe desarrollar su sentido de la escucha.

No saber satisfacer una pregunta

Aquí, está claro, tampoco está preparado para la tipología, porque una buena preparación para la cita hubiera anticipado las posibles objeciones.

La otra posibilidad, que desgraciadamente a veces es la más propalada, simplemente está basada en el hecho que haya pasado a otra etapa con preguntas en suspenso. Si no ha conseguido entrever la falta de comprensión de sus propósitos por parte de su cliente (perder la oportunidad), se puede que tenga que volver a hacer una parte de la entrevista. Si consigue recuperar la concentración del cliente, mejor para usted, sino es un cliente perdido.

Manifestar impaciencia

Es lo que pasa generalmente con los vendedores que empiezan en la profesión (las primeras armas) o peor aún, con buenos vendedores, pero en falta de contrato. Se puede que durante esa fase, esos comerciales se encuentren al nivel del espiral en la fase descendente (ver espiral). Es ese caso bien preciso, solo un coach bueno podrá hacerlo reaccionar.

Responder con prisa

También se puede llamar el tempo, es decir no solo su manera de exprimirse (pues articular y hablar con un tono tranquilizante), sino el tiempo necesario entre una pregunta y una respuesta (preciso: "pregunta" y no: "objeción").

Antes de cualquier pregunta, pensar en mirar a su cliente en los ojos: sinónimo de honestad y sobre todo quiere decir que no le esconde nada; el cliente objetará difícilmente esa pregunta.

Perder sus facultades, levantar la voz, soportar mal la presión

Ese defecto se parece mucho a la impaciencia, pero además el comercial se ha equivocado en el análisis de la tipología del cliente.

De hecho, había preparado su entrevista con cierto método y se encuentra desarmado frente a su cliente, a todo precio intenta llevar la negociación que había imaginado, y cada propósito, encuentra una objeción por su camino. Al ver que esa no estaba anticipada, el comercial esta derrotado. La única manera de salir adelante, antes de todo, es de utilizar los consejos para los defectos "manifestar impaciencia" y luego entrenarse de nuevo en el reconocimiento de la tipología.

La droga del vendedor y la ilusión del cliente

¡Sí! Mismo en la venta, existe una situación de estado mental parecida a los efectos de la droga. Para el vendedor, es el temor de decir un NO, y el temor del cliente a decir que NO. En ese caso se encuentra a menudo en una situación intermedia que es el "quizás".

Con ese entorno, el vendedor todavía puede esperar percibir su comisión en la venta. El comprador, se ha hecho un compañero con quien hablar. Dejando de bromear, tenemos aquí un real problema, que se produce más frecuentemente que lo que pensamos.

Generalmente, el vendedor prepara su introducción, llega a la fase de conclusión, sin darse cuenta que quedan puntos importantes en suspenso; si por ejemplo tenemos en frente un cliente de tipología azul (quien no hace muchas preguntas), si no lo implicamos, nos aventuramos a encontrar en fin de conclusión una objeción que será difícil evitar.

El cliente se encuentra en posición de estar seducido y pues, inconscientemente, alimenta su ilusión. El hecho es que, si en un corto instante, le deja entrever su falta de interés, se aventura en provocar en el vendedor un alejamiento. Entonces, el destete brutal, se hará, el vendedor despertará de su estado de ilusión y querrá rápidamente recoger el control de la entrevista.

Siempre hay que imaginar el desarrollo de su entrevista con un cliente. Iré hasta más lejos, hay que memorizar el guión y respetarlo escrupulosamente; es lo que le permitirá ser reactivo al momento oportuno y de siempre tener el control de la entrevista.
"Tengo que hablarlo con ..." o "Tengo que pensármelo" son generalmente las objeciones que utiliza el cliente cuando está en ese estado.

Como lo decía antes, es importante saber acortar una entrevista que solo tiene por objetivo de hacerle perder el tiempo. Si mismo debe tener el coraje del destete, así tendrá la mente límpida y será listo para cerrar un trato, o abandonar la negociación.
En ciertas situaciones, en cambio, ¡puede aprovechar! Algunos dirán que ese sistema es una venta "Killer", para mi es solo una venta, porque como se lo explicaba al principio del libro, su empresa, sobre todo, espera contratos de su parte.

Uno de los fallos importantes del vendedor es de no sacar al contrato al momento oportuno.

Generalmente es lo que refleta el temor al "no", en ese caso el vendedor prolonga la entrevista sin límites, lo que desgraciadamente puede hacer caer el gráfico de interés, porque como se lo repito, una vez haber alcanzado el grado máximo del gráfico, inútil de seguir negociando, hay que finalizar.

Aquí tiene una astucia que utilizo sistemáticamente para facilitar la sacada del contrato; lo saco, o al principio de la entrevista, o durante la entrevista. Lo utilizo como soporte para presentar mi producto. Si tiene en frente una tipología amarilla o verde, sáquelo al principio de la entrevista, o sáquelo con los otros folletos; si tiene en frente una tipología roja o azul, sáquelo a parte de sus explicaciones, utilizándolo como referencia.

En los dos casos, utilice su contrato, como una herramienta de trabajo dejando ver, por ejemplo, la parte del contrato que relata su explicaciones; de esa manera, el cliente habrá visto al contrato y pues ya no será un freno.

Sistema de acusación

Ese sistema consiste en lanzar acusaciones hacia nuestro cliente, o si prefiere, hacerle observar que esconde la verdad sobre su interés en su propuesta.

En ese momento preciso, un fenómeno entra en la mente del cliente: los clientes que quieren quedarse con su posicionamiento de fuerza de atracción sobre usted reaccionarán positivamente al propósito que abordará. Se precipitarán de declarar su interés por su propuesta.

Ese método puede estar utilizado en cualquier momento, a pesar de que prefiero preconizarlo en fase de cierre de trato, en todo caso cuando siente que el cliente se desengancha.

¿Porque prefiero utilizarlo en fase de cierre de trato? Simplemente porque es a ese momento que el cliente ve acercarse el borde de la piscina y pues nacen en el posibles objeciones de huida.

Le preciso que esa estrategia funciona con las personas de tipología amarilla, verde y azul; no funcionará nunca (o muy raramente) con personas de tipología roja (¡Cuidado! Hablo de tipología dominante; por ejemplo: esa estrategia funciona con la tipología de tipo amarillo/rojo).

¿Cuándo utilizar esa estrategia?

Como dicho antes, la preconizo en fase de conclusión y mejor aún en fase de objeción.

Esa estrategia se desenrolla en varias etapas:

Primera etapa: Acusación

En una primera etapa, hay que lanzar una acusación test. Lo que le permitirá poner en duda el interés del cliente por su propuesta.

Las frases de tipo: "Siento que no es comprador" o "Me parece que no le interesa" o " ¿Me dice eso porque no le interesa el proyecto?", convienen perfectamente a esa estrategia.

Segunda etapa: Reacción

Durante esa etapa, el cliente reaccionará inmediatamente a su acusación utilizando la frase siguiente: "No a lo contrario, me interesa mucho".
Aquella, es una frase obligatoria de parte del cliente, porque como se lo explicaba antes, el cliente

inconscientemente quiere que se quede su fuerza de atracción sobre usted.

Tercera etapa: Compromiso

Aquí solo nos queda una cosa por hacer, es de comprometer a nuestro cliente (a pesar de que sea durante la primera cita porque generalmente con ese tipo de cliente no hay una segunda cita).

Al mismo tiempo que miramos al contrato, decimos: "Entonces, en ver que le interesa, miremos como avanzar en el proyecto. O en mi caso preciso (Venta del invierto en la inmobiliaria): "Entonces si le interesa, reservamos un lote".

Cuarta etapa: Silencio

No hay que decir nada en ese momento, debemos esperar la réplica de nuestro cliente (por supuesto, debemos empezar a rellenar nuestro contrato). Obtendrá, o el compromiso, o entenderá que debe dejar de perder su tiempo.

Conclusión sobre ese método

En cambio es cierto que con ese tipo de negociación, pues con contratos firmados con ese método, el riesgo de fracaso, o generalmente llamado "anulación de reserva", será más importante.

El mejor medio para evitarlos es de volver a llamar al cliente dos días después del cierre de trato, con una escusa banal de tipo: "Al ver la duración del registro de su contrato por nuestra oficina, le mando una copia por correo", y luego volver a llamar al cliente cuatro o cinco días más tarde con la escusa de saber si ha recibido los documentos, lo que no permitirá eliminar todas las probabilidades de anulación, pero, en todo caso las atenuara.

El compromiso parcial

Entre las objeciones indicadas antes en el libro, hay algunas donde lo mejor que hay que hacer cuando debemos darles frente es de intentar obtener un compromiso parcial.

Si llegamos a ese punto, es que se ha vuelto imposible concluir una negociación al instante "T", pues el único incentivo que nos queda, en fin que el cliente sea liado al proyecto, es de comprometerle moralmente.

Ejemplo :
Una pareja que quiere cambiar de sofá, se va a ver una tienda reputada. Después de hablar de sus necesidades con el vendedor, ese se da cuenta que no tiene nada que proponerle en las reservas, entonces intentará un compromiso parcial, por ejemplo preguntando al cliente las medidas precisas del sofá que desean, sus preferencias para el color y la tela.

Para hacer que el lio de compromiso se reforcé, le dejará elegir (color y tejido) directamente en maquetas, luego rellenará con ellos un presupuesto, donde tendrá todos los datos de los clientes, ocupándose de tomar otra cita. Se puede decir que con ese sistema el vendedor había efectivamente comprometido parcialmente al cliente.

En mi caso preciso (bienes inmobiliarios en alquiler), el compromiso parcial se hará sobre un lote, indexado a un precio, en una residencia precisa; si su compromiso parcial va bien, su cliente le pedirá de volver a enseñarle el posicionamiento del lote en la residencia (con ese sistema el cliente se ha comprometido parcialmente, pero además se ha implicado realmente moralmente).

Punto importante

Cuando hace su closing, no olvide de hacerlo hasta su salida de la escena, es decir hasta pasar la puerta de salida.

Para decir que si siente que su cliente no ha adherido a su proyecto, es importante intentar diferentes técnicas hasta su salida (ver capitulo cerrar el trato con elegancia).

Cerrar el trato con elegancia

Para algunos vendedores, la fase de cierre de trato, se concluye al final de la presentación, pues con los documentos, todavía en la mesa (sé que exagero, pero la provocación es siempre benéfica).

Un vendedor entiende muy rápidamente, al final de la presentación , si ha conseguido hacer soñar suficientemente al cliente, o a lo menos hacerle adherir o no al proyecto.

Dos casos diferentes de cierre de trato

En el primer caso :
El cierre de trato es bastante fácil. Confirme la reserva, y si su profesión lo exige (como la mía por ejemplo), tome su segunda cita para la firma del contrato, despídase de la persona con elegancia pero sin olvidar repetir a la puerta la fecha y la hora de su próxima entrevista, , por supuesto con una frase de cortesía que acremente un poco el sentido de vanidad de su cliente.

Por ejemplo: despidiéndose de su cliente, "Encantado de conocerle y de saber que le contamos entre nuestros nuevos clientes". Hay que esperar la respuesta y decir: "Entonces, nos vemos el (fecha) a las (hora)". Por supuesto, la cita no tiene que estar tomada muy lejos en el tiempo (ver los gráficos de interés por tipología).

En el segundo caso :

Cuando el cliente no ha adherido a nuestro proyecto, la conclusión de salida siempre es más delicada. Durante esa fase precisa, el vendedor piensa que ha utilizado todas sus armas de convicción, se encuentra en un casi-posicionamiento de cansancio, al límite de la depresión (exagero pero es para mejor hacerle entender ese fenómeno).

El vendedor se va pensando que ha fallado en la negociación, lo piensa tan fuerte que el cliente lo puede oír o más bien lo ve, porque un vendedor en este estado, es transparente, tal como un niño que haciendo un capricho no ha conseguido convencer a sus padres.

Como lo decía antes, el vendedor es mudo, se va, saluda a su cliente con una mirada de víctima y abre la puerta sin darse la vuelta; efectivamente, es un cliente perdido. Muchos me dirán: " ¿Qué hay que hacer en ese caso? ". Además, en ese libro, explico que, con objeciones particulares "no sé", no hay que perder tiempo; entonces ¿Qué hay que hacer cuando tenemos ese sentimiento?

Cuando explico ese fenómeno, pienso en el inspector Colombo, tal vez el inspector más conocido en el mundo con la serie que lleva el mismo nombre.

Tenía muchas particularidades que lo distinguía completamente de los demás. A parte de su mujer y de su coche, nos interesaremos a un punto preciso.

Si se recuerda, durante sus investigaciones, cuando interrogaba a un sospechoso, tenía la mala costumbre de hacer creer a la persona que había terminado sur interrogatorio. Para protegerse, las personas interrogadas, entran en un estado psicológico de alerta, porque es de cierta manera como si alguien quería entrar en su intimidad.

El hecho de hacer entender que la entrevista está terminada cree un efecto de relajamiento; así el inspector Colombo tenía la costumbre de hacer una última pregunta antes de salir de la escena, como si esa pregunta era un pequeño detalle, pues nada peligroso. La persona en posicionamiento de relajamiento respondía mas sinceramente (involuntariamente) y se sentía más implicada.

En nuestra situación, el vendedor siempre debe luchar, porque nada nunca está perdido, mismo cuando estamos a la puerta. Siempre hay que discutir, poner los puntos positivos en evidencia, intentar sacar de su cliente los puntos que lo impiden decidirse, y eso mismo cuando nos vamos. Tal vez podemos hacer un último intento cuando saludamos al cliente, lo que nos permite, no de tomar inmediatamente otra cita sino de impregnar al cliente del sentimiento de quizás haber perdido una buena oferta.

Se puede que el cliente le vuelva a llamar. Si no, intente llamarlo dos o tres días después, lo máximo que le pueda ocurrir es que le diga que no. Aquí, entonces, a lo menos estará seguro de haber tirado todas sus cartas. Pero muchas veces, obtendrá otra cita.

Como Colombo, cuando sale de un cuarto se da la vuelta una última vez, con aire desarmado, hace una última pregunta, el vendedor despidiéndose de su cliente, tiene aire de persona que ha cambiado de opinión, como si ya no era vendedor, hace una última afirmación (algunas personas se reconocerán, porque es una última puerta que utilizamos a menudo en los despachos de invierto o de seguro): "Sepa, usted...Culpabilizo un poco". El cliente responderá: "Porque?". El vendedor: "De no haber sabido convencerle que era una excelente oportunidad".
Y aquí, adaptar un silencio...

Se pueden producir dos cosas: o el cliente responde, y sabe entonces que esperar de él, o no responde, en ese último caso ha puesto en marcha en él un sentimiento que es el de la "duda".

Puede estar casi seguro de que el cliente se lo pensará y se puede que le vuelva a llamar para volver a tener una entrevista o para pedir más informaciones.

Como Colombo, haciendo su última pregunta, hace nacer en su cliente un sentimiento de duda, obligándole a cambiar de estrategia pues a desvelarse, y así Colombo, con la ayuda del inculpado (su cliente) cierra el caso.

Otra estrategia :
También existe otra estrategia: con las escusas dadas, desde la primera réplica del cliente, intente preguntarle cuales son los puntos que le impide decidirse. Generalmente el cliente se los desvela. Una vez esos puntos conocidos, vuelva a sacar el folleto de su carpeta, y de nuevo acercase al cliente, para finalmente continuar la entrevista.

Es una táctica que utilizo poco personalmente, pero algunos comerciales si y munchos (los que venden seguros); pues si piensa conseguir así, inténtela.

Cuarta parte

Las diferentes fases de la venta

- **LAS DIFERENTES FASES DE LA VENTA**
  - LA LLAMADA TELEFÓNICA
  - EJEMPLO CONCRETO
  - COGER CITA POR TELEFÓNO
  - LAS DIFERENTES RESPUESTAS SEGÚN LAS TIPOLOGÍAS
  - TABLA PARA DISTINGUIR LAS DIFERENTES TIPOLOGÍAS
  - AYUDA PARA LA PRIMERA CITA

- **LAS DIFERENTES FASES DE UNA ENTREVISTA** "ROMPER EL HIELO"
  - INTRODUCCIÓN Y DESAROLLO
  - LOS TIEMPOS
  - FASE DE CIERRE DE TRATO
  - EL LENGUAJE

La llamada telefónica

Nuestro comportamiento por teléfono
Obtener una cita o mismo vender por teléfono no es realmente un asunto de "don" pero más bien un respeto de los procedimientos.

Los actores profesionales llegan a obtener casi un 18% de respuestas positivas. A veces, o muy a menudo, han asistido a una corta formación en el producto. Su éxito no es excepcional proviene más bien de un respeto preciso de algunas reglas que seguir.

¡Prepare su entrevista!

Antes de todo, es muy importante preparar su llamada telefónica; que sea para tomar cita o para hacer una venta, es un etapa obligatorio.

Por supuesto para las personas que conocen perfectamente sus productos, le parecerá más fácil, pero en realidad si no prepara su llamada, cogen el riesgo para cada contacto telefónico, de hacer una presentación comercial, cuando el reto solo era de tomar cita.

Durante su llamada, apunte bien, en su ficha prospecto, la fecha, la hora y si está pedido, la fecha y la hora de la futura llamada. Si su actividad está mas bien basada en el B to B, haga antes un estudio de la actividad de la empresa de su cliente, su crecimiento, su desarrollo, y también es importante, un estudio de la posible competencia.

¡Dar buena impresión!
Solemos decir que vemos a la persona sonreír por teléfono, cuando no tenemos a la persona en frente; es una realidad. Inconscientemente transferimos nuestro estado de ánimo, hasta por teléfono.

Se puede notar muy rápidamente al trabajo, con la voz, la simpatía, etc.
Pero por teléfono, en teoría, es anónimo, lo que quiere decir que puede interpretar un papel, lo que no es posible hacer en todas las profesiones.

Como se lo repito a menudo, el vendedor tiene que ser un buen actor, a través del teléfono podrá trasmitir una sonrisa, un entusiasmo, un optimismo, una creencia en el producto que promueve.

Antes de todo, preséntese. Llame a la persona por su nombre, más bien que por su título. Y si la persona no es el prospecto, utilice el término: " ¿puede? " en vez de " ¿podría?".

Importante: sea firme y determinado.

¡La forma!

Como la voz, el estado de forma de la persona se nota por teléfono. Es línea es importante, después de hacer una gran sonrisa, controlar sus emociones; tome rápidamente la cita y sin revelar su estrategia comercial.

Cualquiera llamada que haga, que sea a un profesional o a un particular, desde el primer instante, tiene que dar buena impresión.

Según su profesión puede encontrar diferentes situaciones de llamadas telefónicas de parte de clientes. Cogeré entonces un ejemplo que pueda satisfacer a la mayoría.

Ejemplo concreto (caso de estudio):

Me contacta un cliente, o mejor dijo su secretaria, para tener informaciones sobre los programas que proponemos; me toco tratar con ese cliente, pues lo llamo para coger cita con él.

Es donde encuentro un primer obstáculo, el cliente quiere mucha información sobre los programas: la fiscalidad, el lugar de invierto, la gama de precios, etc. Son datos y preguntas que no siempre es evidente sobrepasar; o la respuesta es clara: " le hablare de esos detalles durante nuestra entrevista", o le responde con extrema habilidad, de manera en que la persona sea realmente interesada y que tenga muchas preguntas en el armario.

En mi opinión, como lo ha comprendido, es preferible no dar muchas explicaciones por teléfono, pero más bien reservar su talento para un encuentro directo.

La real diferencia entre esas dos preguntas es de saber y de comprender muy rápidamente que tipo de persona tendremos en frente. Personalmente, en mi trabajo siempre tenía un cupón rellenado a mano para el futuro cliente, lo que puede ayudar para una primera estimación de tipología.

A pesar de que ese último punto nos puede dar una cierta idea del posicionamiento de nuestro discurso, la real comprensión se hará por teléfono.

Hay dos clases de costumbres que hay que tomar en consideración para la cogida de contacto: la primera es : el contacto directo, ejemplo: " Buenos días, Señor, puedo hablar con el Señor X, soy X, soy de la empresa X, le contacto porque ha hecho una demanda de información por cupón".

Aquí, tenemos dos tipos de comportamientos, el primero: (después de haberse asegurado de que la persona es el prospecto) no hay que dejar al cliente el tiempo de hablar, es decir que después de la presentación, hay que pasar directamente a una pregunta sin dejarle la posibilidad de posicionarse y de reflexionar.

La pregunta puede ser, por ejemplo: "le llamo para hacerle dos preguntas, quería saber sobre todo si había recibido nuestro folleto (si el folleto tiene un color específico, recuérdelo). Es un folletón rojo Señor X, de la empresa X". (siempre hay que pensar en repetir el nombre de la empresa varias veces, así que su propio nombre, en fin de crear una especie de nombre conocido o de ya visto; es un principio de seguridad- conozco el nombre entonces estoy tranquilo).

Aquí, podemos o esperar que la persona nos responda, o pasar a la segunda pregunta; yo prefiero esperar la respuesta, porque así implicamos al cliente.

Sea lo que sea, la primera pregunta nunca tiene que cambiar a la segunda, que es la de la cogida de cita (que el cliente haya o no recibido el folleto). Hay dos maneras de abracar la cogida de cita: o le pide una cita dejando así el control al cliente, o le hace una demanda directa (lo que hago yo).

Ejemplo: después de haber preguntado a su cliente si ha recibido el folleto, propóngale una cita. Por ejemplo: personalmente pregunto directamente al cliente: " ¿Tiene más tiempo libre por la tarde o al final de tarde?". La persona puede difícilmente responderle de manera negativa (¡Cuidado! lo que no quiere decir que la cita está ya cogida). Si la persona le dice que por ejemplo está más disponible por el final de tarde, ya tiene que proponer dos días diferentes.

¡Cuidado! Para controlar la cita debe anticipar esa respuesta. Lo mejor, es proponer un día al principio de semana y otro al final de semana (lo que no siempre es evidente). Para evitar frustrar al cliente, debe dejarle elegir la hora; entones, o la cita está cogida, o la persona le dice que aún quiere pensárselo o hablarlo con su pareja, o que al final después de haber leído el folleto, el proyecto no le interesa.

Sobre ese último pensamiento, tiene dos enseñanzas: La que enseña que cada persona es potencialmente un futuro cliente, y la que enseña que si desde el principio el cliente no está interesado, la energía para convencerlo será demasiada grande, mismo si lo conseguimos, la energía utilizada para un solo cliente de ese tipo puede estar utilizada para a lo menos tres clientes, hablo aquí de un producto muy específico que es el invierto.

Entonces al final de nuestra conversación telefónica conseguiremos: o obtener una cita, o otra llamada, o una negación.

Coger cita por teléfono

Solo tiene unos segundos para convencer a la persona de escucharle por teléfono: la preparación de la entrevista telefónica es entonces una cosa importante.

1.Salude

2.Presentese

3.Pida hablar con la persona deseada

4.Evite una respuesta negativa contactando al cliente

5.Haga una pregunta simple en fin de obtener un sí.

6.Haga la primera pregunta, lo que permitirá tranquilizar al cliente porque es una pregunta sin compromiso.

7.Proponga una cita en forma alternativa

8.Confirme

9.Salude utilizando el nombre de la persona con quien hablaba por teléfono.

Ejemplo :

1. Buenos días

2. Juan Rodriguez, del Grupo X.

3. ¿Es usted el Señor Jaime Diaz?

4. Le llamo a propósito de una demanda de información **que ha hecho** por envió de cupón.

5. Queria saber dos cosas (nombre bien preciso en fin de evitar toda frustración).

6. La primera, es de saber si ha recibido nuestro folleto, folleto rojo del Grupo X.(que la respuesta sea positiva o negativa, pase al punto siguiente).

7. La segunda cosa es de mirar juntos una fecha para una cita, para que pueda explicarle quienes somos, cuales son los programas actuales, como se desarrolla ese tipo de invierto, etc. ¿Es más disponible por la tarde o el final de tarde?

8. Está entendido, le confirmo nuestro cita: el 22 de febrero a las 19h00.

9. Gracias, hasta pronto. Adiós Señor Jaime Diaz.

Condición general
Utilice un lenguaje simple. Frases cortas y dinámicas. Utilice el tiempo presente. Implicación del prospecto: utilice ya la formula "nosotros".

Prohibido hablar de problemas, de dificultades, de peligro, de retraso; de emplear palabras como: pequeño, tal vez, molestia, gasto, pienso que…

Utilice solo palabras como: éxito, ganancia, ganar, eficacidad, seriedad, competencia, experiencia, provecho, excepcional, tranquilidad, económico, estoy seguro de que…

Las diferentes respuestas según las tipologías

Es verdad que el texto de toma de cita propuesto es de tipo rápido, convendrá mejor a ciertas tipologías que a otras, pero durante una cogida de cita, tenemos que controlar la situación y pues no tenemos el tiempo de hacer una descubierta tipológica antes del guión de cogida de cita.

Es entonces esencial establecer un discurso estándar y luego finalizarlo según la tipología.

Tipología roja:

Aceptará generalmente la cita pero decidirá de la fecha y de la hora; para mantener el control, siempre debemos dejar una alternativa de cita. En el ejemplo dado, decimos: " ¿Tiene más tiempo libre por la tarde o por el final de tarde?", esa frase es una alternativa; la persona de tipología roja se sentirá así con poder decisorio.

Generalmente, el lugar de la cita será: o en casa de su cliente, o en su lugar de trabajo. Casi siempre le hará sentir que es una persona muy ocupada, pues que tiene el privilegio de entretenerse con ella.

Tipología amarilla:

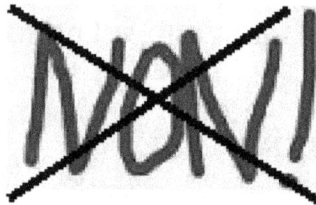

La persona de tipología amarilla, se entusiasma fácilmente, pues es muy entusiasta. Todo depende del momento de la llamada, puede aceptar la cita sin hacer preguntas, o al contrario rechazar a la cita con escusas banales de tipo: "me voy durante dos semanas, vuelva a llamarme la semana que viene", el hecho de decir "que no", le hará perder su interés por ella.

A pesar de que retrase la cita, no teme en volver a llamar. Está casi seguro de tener otra cita con esa tipología. Cogerá cita a su casa, a su despacho o mismo en un lugar público, porque mezcla fácilmente los negocios y lo afectivo; en cambio, para las citas sucesivas, estará casi seguro de estar invitado a su casa.

Tipología verde

Aceptara la cita solo si lo llama al momento justo y si tiene un tono de voz tranquilizador. Con esa persona, el folleto que habrá recibido antes de su llamada, tendrá realmente su importancia. Como lo hemos visto con las explicaciones de las diferentes tipologías, es una persona quien necesita estar continuamente tranquilizada.

Si los primeros criterios están presentes, obtendrá seguramente la cita. Un punto importante estará revelado durante su demanda de horario o de disponibilidad; en un momento u otro, le dirá: "Como quiera"; lo que significa que debe elegir por él.

Generalmente si es un hombre, la cita se hará a su casa (un lugar seguro para él); si es una mujer, será más difícil, todo dependerá realmente del folleto y sobre todo de su tono de voz que debe ser, en ese caso, calma y tranquilo. No dude en proponerle una cita o en su despacho o en un lugar público.

Tipología azul

Las personas de esa tipología deben haber recibido el folleto antes de llamarlas, entran en la categoría de personas quien, si en la carta junto con el folleto especificaba que alguien le iba a llamar y que tarda en hacerlo, no dudara en quejarse (por el único motivo de haber sido perturbado en su programa).

Son personas que convencerá fácilmente a coger cita con el sistema propuesto, porque con esa tipología siempre hay que ir a lo esencial y ser preciso.

Generalmente la cita ocurrirá a su casa, en su lugar de trabajo o a veces puede que se desplace a su despacho. Punto importante que memorizar: **nunca hay que llegar con retraso a una cita con esas personas.**

Conclusión :
Hay dos efectos comunes a las cuatro tipologías (para las empresas donde los clientes piden informaciones):

1. Recuérdese que son ellos quienes piden informaciones, de hecho debe implicarlos para hacerles sentir obligaciones.

2. Rapidez de la mano de obra: la ventaja en relación al cliente, es que está preparado, conoce su tiempo y las secuencias de memoria.

Reconocer muy rápidamente la tipología de su cliente es realmente esencial para una buena negociación. Lo mejor es de entender por teléfono, durante la cogida de cita, el posicionamiento del cliente. Entonces, he creado tres tablas en fin que pueda conseguirlo mejor.

Tabla de reconocimiento tipológico

	Si	No
Elige el día		
Elige la hora		
Intenta rechazar a la cita con una escusa banal		
Sentimiento que no se decide a decir que no		
Cita en casa del cliente (o al despacho)		
¿Hace preguntas para estar tranquilo?		
¿Lo siente amical?		
¿Siente que intenta dominar?		
¿Habla mucho por teléfono?		
¿Le habla de otro tema que no trate de la cita, por ejemplo de un amigo quien hizo ya la operación?		
Después de presentarse, ¿Es una persona calurosa?		

Ponga una cruz en cada compartimiento que corresponde a los criterios de su cliente.

Si totaliza más Si, entonces pase al test Polo Sur, sino pase al test Polo Norte.

Si el resultado está posicionado al Polo Norte

	Si	No
Después de presentarse, ¿Es directo?		
Elige el día		
Elige la hora		
Sentimiento que no se decide a decir que no		
¿Siente que intenta dominar?		

Si dominan los Sí, entonces su cliente se posiciona más bien con un perfil de tipología **Roja**.

Si el resultado está posicionado al Polo Sur

	Si	No
Después de presentarse, ¿Es directo?		
Elige el día		
Elige la hora		
Sentimiento que no se decide a decir que no		
¿Siente que intenta dominar?		
¿Hace preguntas para estar tranquilo?		

Si dominan los Sí, entonces su cliente se posiciona más bien con un perfil de tipología **amarilla**.

Ayuda para la primera cita

Siempre es delicada la primera entrevista. No conoce a su interlocutor y tampoco conoce a su entorno, a su vida cotidiana, pues muchas preguntas pueden surgir de un vendedor antes de que el cliente abra la puerta.

Cada vendedor tiene que ser consciente de que el cliente se hace a si mismo casi siempre las mismas preguntas, pero, además, existe otra que es: " ¿Qué tipo de producto me va a presentar?". El vendedor se tiene que dar cuenta de la ventaja que tiene en comparación a su cliente, porque viene a su casa con el conocimiento.
¡Cuidado! En cambio, no hay que mezclar formador y vendedor.

¡Seña precursora de compra!
Hay varios puntos que puede desellar fácilmente cuanto al interés de su cliente por su producto, por ejemplo: las preguntas.

Todas las preguntas son bienvenidas si tratan directamente del producto, y a lo largo de la entrevista, puede significar que el cliente está cerca de ser comprador.

¡Cuidado! No hay que confundir con las preguntas repetitivas o que se refieren a un punto ya explicado, porque eso significa que no ha tomado el tiempo de preguntarle a su cliente si lo había entendido todo.

También hay otros comportamientos que analizar, son los basados en el gestual: lectura del folleto, reflexión, silencio, cabeceos.

El entusiasmo del vendedor y el efecto psicológico

Un vendedor puede tener el dominio casi total de los instrumentos de venta, pero no valen prácticamente nada sin entusiasmo.

Las calidades relacionarías están inmediatamente sentidas por los clientes y podemos decir que un comercial quien se bloquea al momento del cierre de trato deja trasparecer una falta de confianza, o en sí mismo, o en sus productos.

¡A veces es difícil cerrar un trato!
El cierre de trato, después de haber hecho una buena entrevista, de haber tenido buenos intercambios y de haber obtenido unos sí incondicionales de su cliente, debería ayudarnos a cerrar el trato pues a obtener una firma rápida del contrato. Es lo que normalmente debería pasar, desgraciadamente

muchos vendedores, no se atreven a enfrentar esa etapa porque detrás de ella se esconde el temor al "no", al rechazo, a la negación del producto.

Por mi parte, prefiero adherir a la idea que si la entrevista se ha desarrollado bien y que constatamos que el cliente está interesado, debemos simplemente y pues naturalmente sacar el contrato y rellenarlo.

¡La receta de un buen vendedor!
¿Cómo un vendedor podría lograr éxito en su venta sin su poder de convicción? La respuesta es simple: ¡Es imposible! Un buen vendedor tiene un dominio total de su lenguaje comercial, a partir de la introducción, pasando por la descripción, y hasta el cierre de trato, todo tiene que ser natural.

Por ejemplo: "He entendido bien que el proyecto le interesa"; a la respuesta si, diga simplemente: "Concretizaremos al proyecto con los documentos habituales".

Una buena comunicación
Una buena comunicación es la base de una buena venta, intercambio constante con el cliente entre los dichos y los no dichos.

Cada vendedor tiene que ser consciente de que la primera reacción del cliente es la huida, reacción bien conocida para enfrentarse al peligro, porque encontrarse con alguien que no conocemos, para un programa del que apenas tenemos una idea, puede estar percibido por el cliente como un peligro.

Si analiza sobre todo sus primeros pasos en la venta, se dará cuenta de que muchos clientes le han recibido con desconfianza. Como dicen los especialistas, es una reacción corriente del ser humano; frente a una novedad, todos nuestros sentidos están activados: la oída, el olor, la vista, etc.

El vendedor tiene que tomar en consideración ese aspecto llamado "temor". A parte de la activación de esos sentidos, no es raro que aparezcan otro sentidos de tipo físico como: la sudación, una respiración fuerte, la nervosidad, etc.

Para calmar todos esos sentidos, nada vale más que una buena comunicación. No intente entrar directamente en el meollo del tema, antes de todo, intente más bien calmar todos esos sentidos; generalmente, después de una presentación, inconscientemente, la persona se tranquiliza y esta lista para escucharle realmente.

Entonces, es importante tomar en consideración el tiempo de desconfianza con el de la escucha; siempre empiece su discusión con un hecho que no tiene nada que ver con su visita ("rompe-hielo").

Sincronícese en el comportamiento de su cliente; generalmente, con una buena harmonía tiene une buena negociación. Adáptese a su forma de hablar, siempre sea consciente del no verbal, porque frecuentemente es el inconsciente del cliente que se exprime y gracias a sus gestos, entenderá rápidamente si su entrevista está de bueno camino.

Por lo que trata de la gestual, siéntese siempre frente a su cliente, la espalda pegada a la silla, el busto abierto, exprímase avanzando las manos hacia su cliente, lo que es signo de abertura. Intente siempre mirar a su cliente en los ojos, no se pierda en otras miradas; el cliente puede aventurarse en observarle y pues no escucharle. Si tiene dificultades para mirarlo en los ojos, fije un punto arriba de la nariz, actuando así, el cliente pensara que lo mira en los ojos y usted no estará perturbado.

El lenguaje es también muy importante; puntué bien sus frases, hable con claridad y precisamente, articule bien y de le peso a sus propósitos, comunique lo mejor posible su determinación.

El último punto, y no por lo tanto el menos importante, es el vocabulario: hablo poco, pero bien. Recuérdese que está aquí para explicar el proyecto, para evidenciar las ventajas del producto, pero sobre todo para escuchar al cliente, entenderlo y ayudarle a exprimirse.

Utilice lo más posible palabras como imágenes, poniendo mucha emoción. Utilice expresiones como "le entiendo", "afirmativo", etc.

Las diferentes fases de una entrevista

"Romper el hielo"

No volveré a explicar ese término, bien conocido, pero utilizaré más bien ese periodo de la entrevista para situar al cliente.

¿Pertenece más bien al hemisferio Norte o al hemisferio Sur? Por lo que trata del posicionamiento Oeste o Este, nos podremos focalizar en el más tarde. La real importancia de esos algunos minutos disponible es de entender el posicionamiento tipológico de su cliente, porque nuestra introducción de negociación será diferente en relación a ese posicionamiento.

En fin de poder visualizar esas diferencias , **cogeré un ejemplo concreto**:
Imagínese tener una cita en casa de un cliente; después de las saludaciones de cortesía, empezará su"rompe-hielo".

Cogiendo el ejemplo de una planta que el cliente tiene en su salón. El comercial le dice: " ¡Que planta más bonita tiene! ¿Como lo hace para cuidarla tan bien? ¡Tengo una parecida en casa, pero desgraciadamente está completamente seca!".

Aquí, debe adoptar la estrategia del silencio, verá desvelarse a su cliente; o reacciona rápidamente, por ejemplo: " Es verdad, es muy bonita, la tenemos desde hace dos años", y sin perder el tiempo, le dirá de seguirle y le enseñará donde sentarse. Entonces, puede considerar que ese cliente pertenece más bien al hemisferio Norte.

Repetimos con el mismo ejemplo:

El comercial le dice: " ¡Que planta más bonita tiene! ¿Como lo hace para cuidarla tan bien? ¡Tengo una parecida en casa, pero desgraciadamente está completamente seca!".

Adopte de nuevo la estrategia del silencio; su réplica será, por ejemplo: "Es verdad, es bonita, la tenemos desde hace dos años, es mi suegra quien me la regalo. Pero para dejarla bonita, hay que cuidarla mucho porque es una planta muy delicada. Teníamos otra pero…etc." Aquí podemos notar que el comportamiento del cliente es realmente diferente, es expansivo, y no teme exprimirse. Consideraremos a ese tipo de persona como perteneciendo al hemisferio Sur.

Algunos de ustedes, enseguida se dieron cuenta de que esa similitud psicológica era equivalente a nuestro planeta; siempre decimos que la gente del Norte es gente más fría que la gente del Sur y a pesar de que nos focalicemos en nuestro país, la gente del Sur es más calurosa que la gente del Norte.

¡Cuidado! No quiere decir que es más fácil hacer negocios con gente de el hemisferio Sur, que con gente del hemisferio Norte. A veces, hasta diría: "a lo contrario".

Pues ya; con el "rompe-hielo"; podemos saber cómo organizar y desarrollar nuestra intervención hacia ese cliente.

Si pertenece al hemisferio Norte, tendrá que ser directo, evitar el charloteo inútil, y centrarse en los parámetros importantes de su proyecto, porque su cliente quiere algo concreto. Si, en cambio pertenece al hemisferio Sur, deberá desarrollar su proyecto como si quisiera hacer soñar su cliente, porque ese tipo de cliente espera "sueño" de usted.

Para estar seguro de haber situado correctamente a su cliente, existe un momento privilegiado: es cuando se siente. En ese momento preciso, el cliente que pertenece al hemisferio Norte cogerá una postura diferente del cliente del hemisferio Sur.

Para eso, cojamos el ejemplo del mundo; se dice que la gente del Norte, aparte de ser fríos, cogen sus distancias, y que la gente del Sur, le acoge abrazándole.

Recojamos esas mismas características alrededor de la mesa de las negociaciones: el cliente del hemisferio Norte, en el momento de sentarse, se alejara de usted y de la mesa. Generalmente se desatará totalmente de la mesa, o a lo mejor, tendrá una postura recta con los codos en la mesa.

El cliente de hemisferio Sur tenderá más bien al acercamiento, estará muy cerca de la mesa, diré hasta pegado a ella, como para abrazarle.

Desde el principio de la negociación, es importante entender con quien tratamos, porque la venta puede ser un éxito o al contrario fallar por el solo hecho que no hemos sabido posicionar correctamente a nuestro cliente.

Cuando entenderá las diferentes tipologías, le aseguro que automáticamente volverá a pensar en algunos de sus clientes por los cuales no ha logrado la venta y que todavía se han quedado como un misterio. Son generalmente ventas que estamos convencidos de lograr y que por tanto no conseguimos.

Introducción y desarrollo

No siempre es fácil explicar de manera general, cual comportamiento adaptar durante la fase de introducción en una entrevista comercial, por el simple hecho que todos somos diferentes.

Algunas veces, unos comerciales me piden darles la receta para una perfecta introducción; en realidad no me piden una táctica de introducción pero sino "una receta". El hecho es que no existe ninguna.

Si fuéramos todos parecidos a unos ordenadores, solo bastaría en crear un logicial capaz de analizar cada dato y utilizarlo con una técnica muy precisa. De vez en cuando, lo actualizaremos, y pues al final, las formaciones, el coach, el manager comercial, mi libro así que los otros libros que tratan de métodos de venta no servirán de nada. Yo, estaría al paro y el vendedor no existiría. Es difícil imaginar a un mundo así robotizado.
Todo eso para decir que no existe receta milagrosa. Pero la utilización y personalización de un método de venta son indispensables al éxito del vendedor.

La fase de desarrollo, como lo indica la palabra, se refiere claramente al comienzo de la explicación de su producto. ¿Por qué le comento eso? Simplemente para explicarle que es una fase donde hay que tomar su tiempo. Su duración dependerá esencialmente de la tipología de su cliente. Como lo ha aprendido en el libro, debemos llevar la entrevista con un método preciso en relación a las tipologías.

Por cierto, esa fase, viene después de la fase de "rompe-hielo", pero como un disc-jockey que no se permite dejar un tiempo vacio entre un disco y otro, usted debe pasar a la fase de desarrollo con cuidado, como si escribiéramos un preámbulo.

Explicación con imágenes
Para explicarle lo que entiendo con un empiezo de desarrollo "soft", cogeré el ejemplo de las películas, o más bien reutilizar el método de realización de una película, visto por el realizador.

Imagínese, considerando a una película policiaca: desde el principio vemos a dos policías tranquilamente sentados en un vehículo, comentando anécdotas de sus vidas familiares. Cuando, la radio los interpela y una telefonista les indica donde hay que ir lo antes posible, en un lugar definido (por ejemplo, cerca de una tienda donde ocurre un robo).

Generalmente, los inspectores dan un patinazo, dando así media vuelta. Desde sus llegada al lugar, piden ciertos detalles a unos policías ya presentes. Los inspectores hablan rápidamente, y uno de ellos se dirige hacia la entrada de la tienda. Le grita al ladrón que no lleva arma y que solo quiere hablar con él. Se acerca con las manos arriba. Por supuesto, el ladrón lo deja entrar. Aquí, llevan una corta discusión y el inspector con su rapidez y su bravura consigue desarmar al bandido (¡Cuidado! No hay que imitarlo, primero está entrenado, y segundo se trata de una película).

Sea lo que sea, el inspector sale de la tienda con el caso resuelto, y todo el mundo la aplaude. Para celebrarlo, los dos colegas se van a tomar una cerveza (generalmente en un bar donde se juntan policías, en el cual estará otra vez cumplimentado).

Ese rápido comienzo de la película nos deja pensar que no nos vamos a aburrir. Después de esa escena empieza la ficha técnica de la película.

Es lo que llamo la introducción "soft". ¿Por qué el realizador empieza así su película? Simplemente para permitir a la gente que viene a ver su película de ponerse en el ambiente, y dejarles el tiempo para instalarse.

La escena siguiente, ocurre dos días más tarde, los dos inspectores están a sus despachos, cuando los informan de un crimen. El jefe de la división, se dirige hacia ellos y les confía el caso: esa es la verdadera película.

Adopto la misma estrategia para la introducción: no podemos afrontar a nuestro cliente vertiéndole nuestro desarrollo en frio, obligatoriamente debemos condicionarlo en fin de obtener su total atención.

No digo que hay que reemplazar la fase de "rompe-hielo" pero prolongarla dirigiendo a nuestro discurso hacia los productos. Esa prolongación se adaptara según la tipología de nuestro cliente, con los gráficos que siguen, comprenderá los tiempos que debemos adaptar por tipología.

Los tiempos

Gráfico a cerca de los "tiempos"

Aquí tiene un grafico estándar. ¿ Por qué digo estándar? Simplemente porque es un gráfico de comienzo, hay que personalizarlo según la tipología de su cliente. Por supuesto ese gráfico reutiliza fases esenciales con sub-fases, pero parare aquí porque luego, cada producto o proyecto tiene sutilidades propias.

En resumen, es un muy bueno gráfico para una comprensión rápida y simple de una entrevista de venta.

Gráfico estándar a cerca de los tiempos de la entrevista

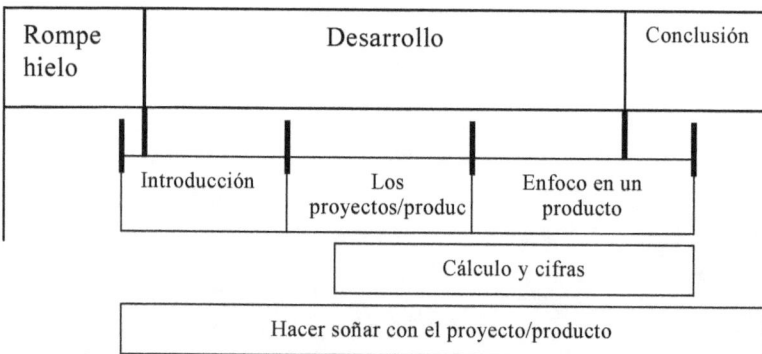

Rompe hielo	Desarrollo		Conclusión
	Introducción	Los proyectos/produc	Enfoco en un producto
		Cálculo y cifras	
	Hacer soñar con el proyecto/producto		

No se preocupe no es un olvido de mi parte. El hecho es que considero simplemente que la descubierta no tiene su sitio preciso como las otras fases. No tiene ni comienzo ni final, porque es constante a lo largo de la entrevista. Generalmente, yo la empiezo en la fase de introducción después de haber presentado a mi empresa y nuestras profesiones (ficha técnica). Es completamente normal que el cliente se presente y que le diga lo que espera de usted.

¡Cuidado! Esa forma de trabajar no será la misma para todas las profesiones, porque hay ventas donde debemos controlar la entrevista desde el principio hasta el final sin dejar al cliente el tiempo de pensar.

Explicación de los tiempos

La fase "rompe-hielo"

Es un periodo muy importante, le permite entender rápidamente en cual hemisferio se sitúa su cliente (ver capitulo "rompe-hielo"). Es un periodo que debemos realmente tomar en consideración.

Durante esa fase la escucha es muy importante porque, según la respuesta de su cliente, podrá en unos segundos hacerse una opinión, pues saber el posicionamiento de su cliente y a partir de esa base, conocer "los tiempos" correspondientes a la tipología de su cliente. Así podrá orientar desde el principio su entrevista.

La fase « desarrollo »

Después de la primera fase llega la del desarrollo o de la descripción de su proyecto y de sus productos. Esa fase se dividirá en dos partes:

1. Introducción: se ve que esa sub-fase empieza antes del final del "rompe-hielo", en ella se encuentra la descubierta del cliente.

2. Desarollo de los productos en general

3. Enfoque de un producto especifico; aquí también se ve que esa sub-fase pisa la fase de conclusión, porque como para la introducción, se sirve de pasaje hacia otra fase.

4. Las cifras o cálculo es una sub-fase que se introduce en cualquier momento dado en cualquiera otra sub-fase; todo dependerá de la tipología de su cliente, cuando más larga será esa sub-fase, más precisiones querrá el cliente.

5. El sueño, lo necesita en cualquier proyecto o producto; con sus palabras, la intensidad de su voz y con sus gestos llegará a proyectar en su cliente la imagen del sueño. Es una manera de poner en evidencia los puntos positivos de su producto. Pero hay que saber que ciertas tipologías quieren más que otras. Siempre vera que cuándo mas la sub-fase "sueño" es grande mas la sub-fase de cálculo es pequeña y viceversa.

La fase de "conclusión"
Es importante quedarse centrado durante esa fase. Es aquí además donde la concentración, al nivel de su entrevista, debe ser a su máximo, porque a lo largo de las diferentes fases ha podido divagar de

vez en cuando, durante esa fase nada será permitido. Es aquí cuando el cliente vera al " borde de la piscina" acercarse. Pues pensara que hay que salir del agua: empezaran las objeciones, a un cierre parcial de su cliente con el peligro de ya no llenar el papel de aconsejador y de volver a desempeñar el papel del vendedor.

El éxito de un buen cierre de trato dependerá de su comprensión inicial de la tipología de su cliente. Si ha estado a la escucha, durante la fase de "rompe-hielo", que ha bien orientado la entrevista en fase de desarrollo, la fase de conclusión le parecerá completamente normal, porque conocerá con adelanto las objeciones posibles y podrá responder de ellas espontáneamente (notificación: la rapidez de respuesta a una objeción equivale a su credibilidad, pues cuando más rápida y espontanea es la respuesta más creíble será).

Los gráficos de los tiempos por tipología

Describiré cada gráfico con relación a su tipología

<u>Gráfico para la tipología "roja"</u>

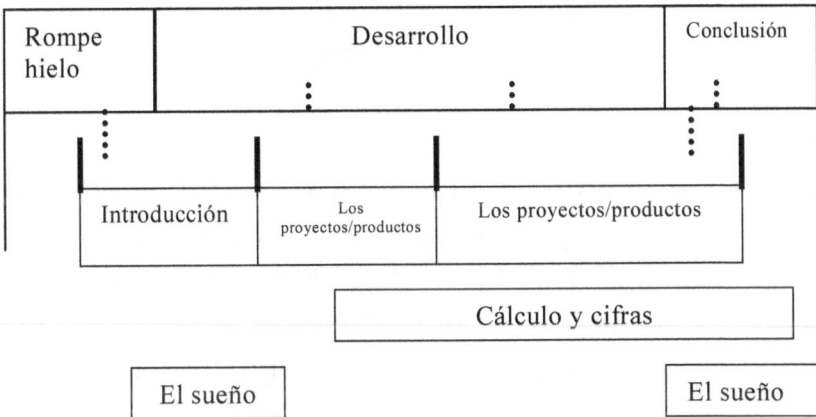

Rompe hielo	Desarrollo	Conclusión
	Introducción	Los proyectos/productos	Los proyectos/productos	

Cálculo y cifras

El sueño   El sueño

Se puede notar el desplazamiento de periodo de la fase "rompe-hielo", que esta acortada, el periodo "conclusión" que es un poco más largo, luego se puede ver que las sub-fases se han desplazado; introducción más corta, explicación general de los productos más corta, enfoco del proyecto especifico alargado, calculo y cifras que ocupan una parte bastante grande de la entrevista, y eso casi hasta el final de la conclusión. La sub-fase "sueño" está reducida, se convierte en parte mínima, al principio de la entrevista y vuelve en fase de conclusión.

Se trata de un cliente quien quiere ir al grano, sabe porque le ha pedido venir a verlo y espera de usted que le proponga el producto que mejor le conviene.
Ese tipo de persona se reconoce desde el "rompe-hielo", porque generalmente, es él quien lo reduce; le gusta ir al grano, pues inútil divagar con largas explicaciones sobre su empresa, sobre la belleza de sus productos, ect.

Lo que le interesa es el enfoco y las cifras; en todo caso todo lo que se refiere directamente a sus finanzas. Es inútil, hasta peligroso, prolongar demasiado la fase del "sueño" pues de los "charloteos". Esa persona quiere algo concreto.

Grafico para la tipología "amarilla"

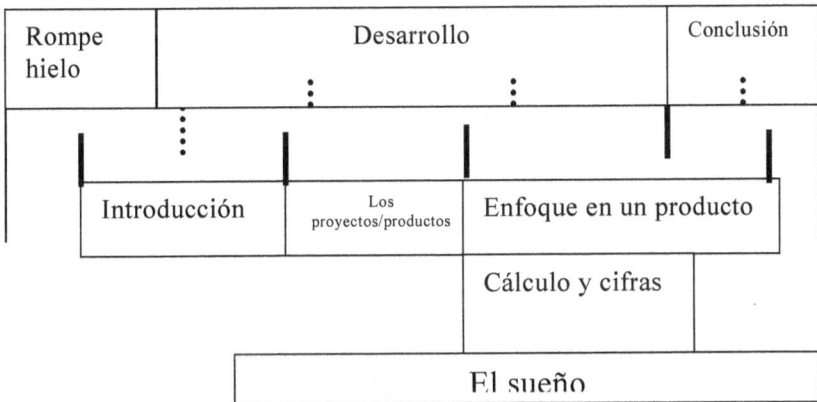

Rompe hielo	Desarrollo		Conclusión
	Introducción	Los proyectos/productos	Enfoque en un producto
			Cálculo y cifras
		El sueño	

Aquí, al contrario del ejemplo precedente (rojo), la fase "rompe-hielo" es más larga (ver el punteado) pues automáticamente la sub-fase "introducción" es también más larga.

En cambio, se puede notar que la sub-fase de los proyectos/productos es casi idéntica al gráfico estándar, la sub-fase "enfoco en un producto" es más larga, porque se trata de una persona a quien le gusta escuchar cosas positivas sobre el producto que va comprar.

¡Cuidado! Para la sub-fase "calculo y cifras", con las personas de esa tipología, no debe perderse en cálculos infinitos, pero directamente ir a lo esencial. Para esas personas lo importante es entender rápidamente cuánto cuesta y cuanto provecho le proporciona, si intenta ahogarlo con cifras, lo aburrirá. Una tal sensación de parte de su cliente no es nada buena para concluir positivamente (¡Cuidado! No quiere decir que no les gustan las cifras a esas personas, a lo contrario, es por eso que se aburren).

Son generalmente gente impaciente, pues vaya directamente al grano, intentando, aunque no sea siempre fácil, introducir una parte de "sueño" en el producto.

La sub-fase "sueño" debe tomar el relevo a partir de la fase "introducción" y eso hasta en final de su conclusión. La fase de conclusión debe ser rápida, directa y clara.

Gráfico para la tipología "verde"

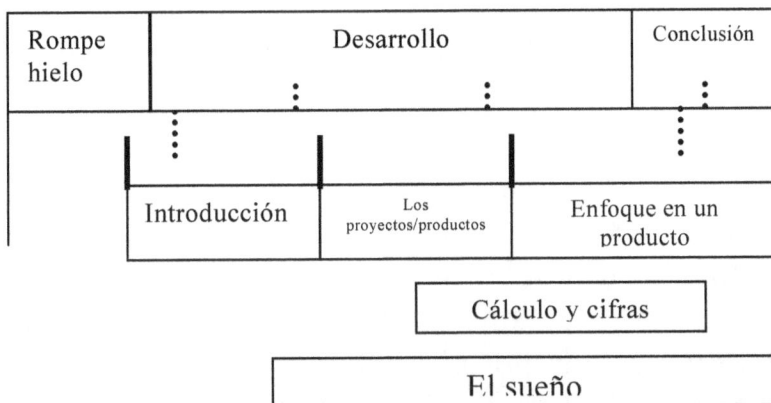

Rompe hielo	Desarrollo		Conclusión
	Introducción	Los proyectos/productos	Enfoque en un producto

Cálculo y cifras

El sueño

Con esa tipología, el alargamiento de la fase "rompe-hielo" se parece a la tipología amarilla, la sub-fase "introducción" esta también alargada. La sub-fase de los proyectos/productos es un poco más larga que en el gráfico estándar y la sub-fase de "enfoco" llega hasta el final de la entrevista.

La sub-fase "cálculo y cifras" tiene una dimensión bastante correcta y un poco más larga que la tipología amarilla, pero en cambio, se le parece del punto de vista "explicaciones de los cálculos", es decir que puede dar más explicaciones sobre las cifras pero siempre vaya al punto esencial.

La sub-fase del "sueño", ella también se parece a la tipología amarilla; es solo un poco más corta porque empieza al final de la introducción, por el simple hecho que durante la introducción, pues la presentación de su empresa, el cliente se centrará en sus dichos y en sus gestos.

Como constatado en la explicación de la diferentes tipologías, es una persona quien necesita mucho estar tranquilizado. Por lo que trata de la conclusión, debe ser directa, sino la persona mismo con un 100% convencida por el producto y el proyecto, no dará el paso, le debe ayudar a cruzar el puente.

Gráfico para la tipología « azul »

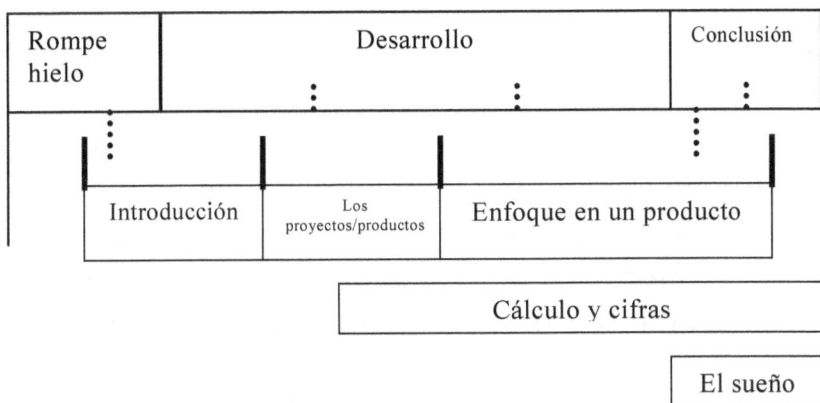

Rompe hielo	Desarrollo			Conclusión
	Introducción	Los proyectos/productos	Enfoque en un producto	

	Cálculo y cifras

El sueño

Esa tipología de personas se parece a la tipología roja por su aspecto "poco charloteo".

Esos clientes prefieren ir a lo esencial pues el sueño no tiene realmente su sitio en la negociación; en cambio la sub-fase "calculo y cifras" es su preferida, al contrario de la tipología verde cuando esa fase es bastante larga, a pesar de que tenga que ir a lo esencial, con la tipología azul deberá explicar minuciosamente cada dato, pues explicar el "enfoco" en un producto con muchas cifras. Esa sub-fase lleva casi al final de la conclusión.

Sin embargo, esos clientes necesitan, como para la tipología verde, estar tranquilizados a partir de una sub-fase de introducción correcta. La sub-fase "los proyectos/productos" está un poco reducida para dejar sitio a la sub-fase "enfoco en un producto".

Aquí también la conclusión debe ser directa, porque la dificultad con esos clientes es que no hacen muchas preguntas, y si no conseguimos detectar su falta de información durante la entrevista, en fase de conclusión nos esperará una lista de objeciones.

Conclusión: con esos clientes, hay que coger el tiempo de explicar, volver a detallar ciertos puntos esenciales, y es muy importante hacerles intervenir lo más posible en la entrevista.

Fase de cierre de trato

Esa fase, por cierto como las otras, tiene su importancia, diría casi que es una fase muy delicada.

Explicación: el vendedor ha hecho un muy bueno "rompe-hielo", ha entendido la tipología de su cliente, luego ha hecho una buena transición de la introducción hacia el desarrollo, el cliente ha sido bien sumergido en la entrevista, las preguntas han tenido respuestas, en resumen, se puede decir que ha sido una buena entrevista. En un cierto momento, después de haber encontrado un acuerdo sobre la bondad del proyecto o del producto, tendrá que pasar a la fase de conclusión.

Como visto antes, según la tipología, las sub-fases se prolongan en la conclusión; lo que evidentemente no puede nada más que ayudarnos a afrontar el temor al "NO". Como visto en el libro, ese temor al no es real, cada vendedor en un momento u otro de su experiencia, tendrá ese síndrome.

¡Cuidado! Es aquí donde tendremos todas las objeciones, todo dependerá del desarrollo de nuestra entrevista hasta ese punto.

Como dicho en el capítulo sobre las objeciones, hay que prepararse para cada una de ellas en fin de poder responder directamente. Sea lo que sea, si ve que el cliente tiene un real potencial, debe concluir, o con un método directo (ver capítulo "Sistema de acusación") o con una próxima cita apuntada, y bien identificada (el hecho de decir: "Nos llamamos" no está considerado como una cita).

Hay que recordarse que durante esa fase, debe ser realmente concentrado, porque cada palabra del cliente cuenta, y es a veces durante esa fase que se da cuenta que se ha equivocado de tipología. Si la nueva tipología (tipología cercana, ejemplo: identificación del cliente como perteneciendo a la tipología Roja, cuando el cliente pertenece a la tipología Amarilla, al nivel del posicionamiento gráfico, son vecinos) es cercana de la que pensábamos, todavía le da tiempo de recuperar la entrevista.

El esclavón o el tiempo muerto

Es una fase que hay que evitar durante la entrevista; son puntos donde todo puede bascular.

Imaginemos a la concentración de un cliente como un barómetro, cuando mas avanzamos en nuestro discurso de presentación, mas el cliente se calienta.

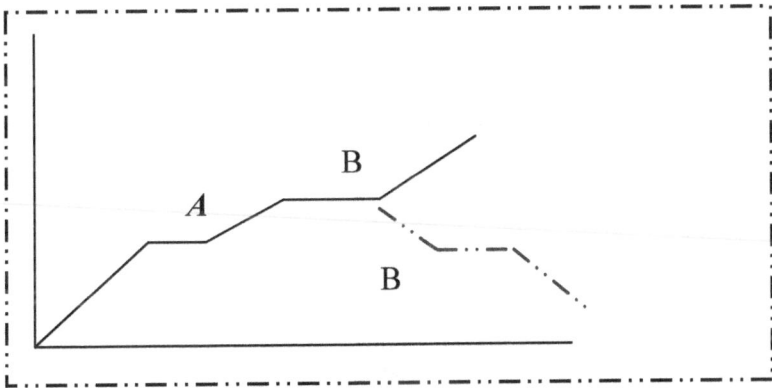

Observamos al gráfico: el comercial ha empezado su presentación, notamos que al punto A (punto entre el tránsito de un argumento a otro), se instala un esclavón (el esclavón puede ser de varios tipos: búsqueda de documentos en silencio, o cambio de discurso sin haber terminado el precedente). Cuando más los esclavones son largos, mas corremos el peligro de invertir el interés del cliente. Si un solo esclavón está invertido (aquí ejemplo B), será entonces muy difícil para el vendedor de volver al escalón precedente (el instinto del NO se aventajara).

¡Cuidado! No digo que no existen los escalones, simplemente que hay que acortarlos, mejor aún: hay que lisarlos.

El silencio y la infidelidad

Durante una negociación comercial, el silencio puede ser comparado a una escena de amor con dos peligros bien definidos:

Ejemplo en imagen sobre la infidelidad del cliente:

Una noche, después de una buena cena con velas, sumergida de sensualidad, una mujer se desvela a su marido con gran emoción. En cuanto a su marido, quien está sentado en el sofá y sin mirarla, le dice: "!Vete de aquí, quiero ver al partido de futbol!"Aquí se instala un silencio, y se necesitará unos días antes de que la mujer perdoné a su marido, y así volver a encontrar serenidad en la pareja.

Es una palabra con mucho peso pero que es real en nuestra profesión, todo dependerá de nuestra comprensión de la tipología; si la hemos identificada correctamente, la infidelidad será difícil, de otro modo será ineluctable.

La infidelidad, generalmente esta debida a nuestro cansancio, a su falta de escucha, a su falta de compresión de las necesidades, el cliente no se siente en fase con usted, debida su infidelidad (el cliente firma a otro sitio).

Si transponemos ese ejemplo a su actividad, se puede imaginar que el cliente que le recibe, tiene a lo menos un mínimo ganas de escucharle, desembala entonces su estrategia (Rompe-hielo, Introducción, Presentación, etc.).generalmente el cliente está a la escucha (mujer que se desnuda), aquí se instala un silencio (búsqueda demasiada larga de documentos, espera de una repuesta del cliente mientras no ha entendido la pregunta, mala presentación, pues incomprensión de la tipología, etc.).

Imagínese a esa mujer quien se abre a las emociones y quien de un golpe se despierta de ese encanto para preguntarse "¿Qué estoy haciendo?". Transponga esa imagen al cliente, puede estar seguro de que le englobara un caparazón, será entonces difícil recaudar favorablemente su entrevista.

El lenguaje

**"El lenguaje a partir de todas las civilizaciones
conocidas es el dueño de la evolución, pero debe
de ser utilizado con moderación"**

Esa corta citación, hace entender la utilización del lenguaje en relación con los clientes. Para mí, un vendedor es un actor que encarga un papel, por cierto preciso, que debe constantemente adaptarse a la nueva disposición de la escena.

Cojamos dos ejemplos (los más extremos):

Primer ejemplo: un cliente de nivel sociocultural acomodado, esperará de su visita puntos bien precisos, más un infantado de conocimiento financiero (Aconsejador en Gestión del Patrimonio).

Entonces, mismo si su deseo es único, quiere ser tranquilo en cuanto a sus competencias, pues pondrá su vista más allá de sus explicaciones, generalmente el cliente le hará ese tipo de preguntas:

• ¿Sobre su forma de vestir?

• ¿Qué tipo de estudios ha hecho?

• ¿A cuál clase social pertenecemos?

Pues, a lo largo de su visita, debe utilizar un lenguaje apropiado a la situación y entender en muy poco tiempo, las demandas del cliente; y eso, guardando el control de la entrevista.

El segundo caso: aquí, clientes de clase media, que trabajan los dos juntos, tienen dinero ahorrado y son conscientes de que deben prepararse a un ahorro para la vejez. Aquí, el vendedor desempeña por cierto el papel de un profesional, pero sobre todo el de la humildad, utilizando gestos apropiados y sobre todo un lenguaje comprensible.

En la dos situaciones, la ruptura con el cliente es muy fácil y por las mismas razones:
El LENGUAJE INAPROPRIADO.

Quinta parte

Estudios de caso

- Caso práctico: tipología Roja
- Caso práctico numero 1: tipología Amarilla
- Caso práctico numero 2: tipología Amarilla
- Caso práctico: tipología Verde
- Caso práctico: tipología Azul

Estudios de caso

Para que se pueda entender mejor todos los perfiles, daré cuatro ejemplos concretos, uno para cada tipología. Lo que le permitirá reconocer más fácilmente a sus clientes.

Hablaré a menudo del invierto inmobiliario, porque se me han presentado casos durante mi experiencia profesional.

Por supuesto no citaré ningún nombre de persona o de empresa en esos estudios de casos.

Caso práctico: tipología Roja
Recuerdo la primera vez que contacte con un cliente, enseguida supe cómo llegar a identificar su tipología; era muy directo por teléfono y me hizo entender que ya sabía lo que quería. Por supuesto escogió la fecha y la hora de nuestra cita.

La primera cita ocurrió a su residencia principal. Cuando llegué, su mujer me recibió, y me propuso instalarme al salón esperando a que llegue su marido.

Tuve el tiempo de admirar al panorama (la sierra de Belledonne). Cuando llego mi cliente, por supuesto se disculpo por el retraso y yo aproveche de esos segundos para empezar la fase de "rompe-hielo".

Le hable del magnificó panorama que veía todos los días y después deje un silencio, aquí como lo ha podido ver con diferentes explicaciones de tipologías, dos posibilidades se ofrecían: o cerraba la discusión o se enrollaba. En realidad al ver su comportamiento por teléfono, sospechaba ya su reacción: "!Si es verdad, tenemos suerte de gozar de una vista tan bonita! Sígame por favor, vayamos a mi despacho".
Entonces puede notar que la fase de "rompe-hielo" ha sido muy rápida. Visto las explicaciones dadas antes, se puede situar a esa persona al "Polo Norte".

Encima de su escritorio, vi los documentos de mi empresa con otros documentos, estaba todo bien ordenado, lo que confirmaba mi idea de la tipología de ese cliente. Me propuso sentarme. Por supuesto, desde la fase de "rompe-hielo", había empezado la fase de introducción. Con educación espero que termine mi frase para hacer su aparición, es decir para controlar la entrevista.

Con criterios muy precisos me detalló lo que esperaba de la entrevista. Enseguida adapte mi entrevista a ese estilo de tipología, siendo muy conciso y preciso durante mi desarrollo, me centraba en los proyectos (por supuesto, evidenciando mi preferencia), en el cálculo, en la preparación del proyecto, y en la rentabilidad.

Ese cliente era un luchador, directo, sabía lo que quería desde el principio de la entrevista; con esa clase de cliente, era inútil evidenciar la belleza y la bondad de los proyectos. Sabía que a ese cliente no le podía presentar proyectos que hubieran empezado con temporadas de entrega demasiadas largas, tenía que presentarle un proyecto entregado a cortos plazos.

Mi elección estratégica fue correcta, porque me confesó haber anulado un proyecto donde los tiempos precisados parecían ser según él, una absurdidad, y pues quería estar seguro que no iba a repetirse con nuestra empresa.

Hice cálculos financieros netos y precisos, pero sabía que era inútil entrar demasiado en los detalles porque existe el riesgo de que el cliente se sienta frustrado (para ese tipo de cliente demasiadas explicaciones precisas y **repetitivas** son sinónimos de tomarlo como un tonto). Terminando la entrevista, adapte la fase de conclusión según la tipología, es decir nos enfocamos en una residencia en particular y en la elección de dos lotes (le

recuerdo que debía seguir siendo el dueño de la entrevista, pues debía tener el poder de la elección).
En fin, llega la toma de la próxima cita, donde aquí también le dejaba dos opciones en fin que piense haber decidido el, en cambio siempre hay que tener el cuidado de escoger dos fechas cercas en el tiempo en fin de siempre tener en manos al efecto penuria.

Típicamente, la gente de tipología Norte (roja, azul) le pedirá documentos suplementarios a estudiar antes de su próxima cita. Al contrario, la gente del polo Sur, quien también le pedirá documentos pero de tipo folleto, la gente del polo Norte, le pedirá documentos específicos al contrato. Es exactamente lo que hizo mi cliente, me pidió dejarle el contrato para darle tiempo de leerlo completamente. En realidad, esa tipología se concentrará en el punto importante del contrato y pasará bastante rápidamente en los puntos estándares (estado cívico, etc.).

Nuestra segunda cita se desarrollo bastante rápidamente, vi de nuevo en su escritorio a los documentos de mi empresa con una hoja encima que parecía ser una serie de preguntas. Simplemente me dijo que había estudiado al proyecto, al contrato, y que tenía algunas preguntas que hacerme.
Como lo decía antes, la entrevista fue rápida porque las preguntas que hacia eran de las más simples y

habituales. Con esa tipología, una prolongación de la entrevista, era inútil porque me arriesgaba en penalizarme (notificación: cuando el gráfico está al tope del interés, inútil de prolongar la entrevista porque se arriesga en hacerla caer), es porque solo respondí a las preguntas hechas por el cliente sin dispersarme (hecho muy difícil para un comercial).

Cuando cada pregunta encontró su respuesta, abrió su agenda para proponerme una próxima cita (dueño de la entrevista); en ese caso, mi papel era simplemente de dejarle elegir una fecha y una hora que me correspondían (el efecto es el mismo que para la toma de la segunda cita, inmediatamente debe proponerle dos o tres fechas diferentes, así pensará haber elegido, y usted habrá reducido los tiempos).

La tercera cita, que por hecho no era una cita, porque su duración era aproximadamente de siete minutos, en realidad el tiempo de controlar las firmas del contrato porque el cliente lo había rellenado y firmado todo (dueño de la entrevista), Salí con elegancia diciéndole simplemente que le volvía a llamar para la continuación de los eventos.

Conclusión :

En ese caso preciso, se puede ver que en realidad la venta se ha concretizado a los tres cuartos, a la primera cita, y a la segunda cita para el cuarto que queda; la tercera cita solo está posicionada como administrativa pura.

Se puede observar que el posicionamiento en el polo de esa tipología era bastante rápido, y desde el principio de la entrevista, cuando el cliente se lanzó en el control de la entrevista, ya no quedaba duda, era evidentemente un dominante (rojo).

Cuando se encuentra con esa tipología, que pará en seco el "rompe-hielo" y empieza la entrevista como un luchador, casi no queda duda sobre su tipología. ¿Por qué casi? Por el simple hecho que la única tipología que puede parecerle con ese acto, es la tipología del influente (amarilla). Claro, recuérdese que el influente es el maestro del mimetismo.

En realidad, todo dependerá de su humor del día y entonces de hechos personales, porque como se lo repito, tiende a mezclar vida privada y vida profesional, etc. En cambio, el hecho es que, en cuanto tocara un tema que se parece a un acto vivido, hablara extensamente sobre ese tema, desvelando   así   su   verdadera   tipología.

Caso práctico numero 1:tipología Amarilla

Generalmente, un cliente que forma parte de la tipología Amarilla se reconoce desde la llamada telefónica: toma de cita bastante rápida, muy amistosa, conseguimos negociar el día y el horario.

En resumen, después de haber colgado el teléfono, piensa "me parece ser una persona muy simpática". Pero, porque siempre hay un "pero", cuando las cosas parecen demasiado bien, la gente de tipología Amarilla puede ser considerada como los Reyes del mimetismo; de cierto modo, por teléfono puede muy fácilmente confundirlo con otra tipología.

Entonces ha preparado su entrevista en cuanto a la tipología presumida y cuando se encuentra frente a su cliente y que empieza su introducción, está desorientado porque se comporta diferentemente.

También se puede que descubra un cliente de tipología Amarilla, pero cuando se encuentra frente a él se comporta como un cliente de tipología Azul.

¡Qué difícil! Me diría usted. En realidad, siempre prepare una entrevista basada en la tipología Amarilla, porque aun que se comporte como un cliente de tipología Roja, se develara solo, es decir que en un momento de la entrevista o introducirá un hecho personal o proyectará el producto en sueño. Aquí, tendrá la confirmación de que es una persona del polo Sur, sabiendo que la tipología Verde es incapaz de hacer ese tipo de cambio, solo queda la tipología Amarilla.

Para ese ejemplo, utilizaré un cliente que tomando la primera cita, había confundido como de tipología Roja. Entonces, durante la cogida de cita, la persona elige un día y una hora precisa y por teléfono ya me pide informaciones, con cierta rapidez y precisión, sinónimos de una persona luchadora.

Teníamos cita a su casa al final de tarde. Llego como está bien hacerlo, con unos minutos de adelanto. El cliente me invita a entrar y directamente me indica el lugar donde se desollará la entrevista. Sobre la mesa, en el comedor, solo habían los documentos de mi empresa; en ese momento pienso que he conseguido visualizar la tipología de mi cliente. Para estar seguro, empiezo mi "rompe-hielo" y efectivamente el cliente se comporta como un Rojo, es decir que pará en seco al "rompe-hielo" y intenta pasar directamente a la entrevista.

Por supuesto, pongo en acto mi entrevista para la tipología Roja, es decir, se lo repito, concisa y precisa; presento los diferentes proyectos, enfoco a dos en particular, y me refiero lo más posible a la rentabilidad.

Es cuando el cliente me dio una indicación que me contrario un poco: quiso conocer el lugar exacto de una de las dos residencias, para saber si quedaba lotes en un lugar más tranquilo, y a lo mejor, orientado al sur.

Me contrario un poco porque, una persona de tipología Roja nunca me hubiera preguntado eso durante la entrevista; a lo mejor al final, pero nunca en el miedo. Como un excelente malabarista, trasladé completamente mi entrevista basada sobre una tipología Roja a una entrevista basada sobre una tipología Amarilla. Seguiré mi camino sobre la explicación de la rentabilidad, liada a la finanza, con todo emergido en el sueño.

Finalmente, conseguí recuperar el negocio, porque después de ese pasaje, la persona estaba realmente más interesada. Como de costumbre, terminé mi primera cita, sacando mi agenda en fin de coger una segunda cita, y además le dije que iba a reservar el lote que habíamos elegido. El cliente mismo sacó su agenda y cogimos otra cita.

La cita de la entrevista acabada, empecé a tratar de un tema de actualidad, y es cuando mi cliente me sigue por ese camino hablándome entre todo de una de sus experiencias, haciéndose el jefe del tema que yo había lanzado antes. Hablemos durante casi media hora (lo que confirmo perfectamente mi visión de la tipología de ese cliente).

La segunda cita era muy amistosa; empecé mi "rompe-hielo" y el cliente me siguió tranquilamente sin ninguna presión. Hablemos durante unos minutos de un tema de actualidad, nos sentamos y saque los documentos de mi carpeta. Naturalmente saque el contrato, lo abrí y se lo di indicándole los campos que debía rellenar.

En ese momento, me dijo que todavía tenía algunas preguntas que hacerme, le respondí que estaba aquí para responder a sus preguntas, pero indicándole de nuevo los campos que rellenar (como un real mulo). Por supuesto, adopte la estrategia del silencio, y aquí el cliente no pudo hacer otra cosa que hacerme sus preguntas rellenando al contrato.

Sin embargo la entrevista duro 1h30 entre el relleno del contrato y diferentes discusiones de actualidad. Muy cordialmente, me despedí de ese cliente con el contrato firmado en la carpeta.

Conclusión :

Siempre sea muy atento a lo que dice; un cliente de tipología Amarilla a pesar de que mire por otra dirección, pesa todas sus palabras y observa todos sus gestos. No teme exprimirse y adopte un lenguaje calma y sereno, ponga la rentabilidad como índice de referencia y proyecte su producto en el sueño.

222 Quinta parte – Estudios de caso

Caso práctico numero 2:tipología Amarilla

Antes de todo tengo que precisar que esos clientes potenciales habían llamado directamente a la empresa, apatrocinado por un ex cliente. Entonces el aspecto convicción sobre la empresa ya estaba realizado.

Ahora quedaba la dificultad de hacerles elegir un programa de amplitud más grande que el seleccionado por sus amigos.

Otro punto importante: esas personas vivían fuera del territorio francés, en un país de la comunidad europea, pero eran de nacionalidad fuera de la CE. Lo que lleva la discusión o más bien la negociación, de tratar esencialmente de confianza.

Contacte por teléfono con esas personas, antes de todo para ver el nivel de conocimiento de la empresa y de nuestros proyectos. A primera vista, la persona con quien hablaba había tenido ecos muy favorables sobre la empresa, pero necesitaba informaciones sobre el proceso y la puesta en marcha de ese proyecto de invierto.
Entonces, convenimos una cita, a pesar de que fue bastante difícil porque la persona se iba muy a menudo de viaje.
Dos días antes del encuentro, la persona me volvió a llamar para desplazar la cita a otro lugar de su casa.

Nos encontremos entonces en un club de golf, lugar bastante simpático y bastante calma para hablar de invierto.

Su mujer estaba presente durante la cita, lo que reforzaba mi convicción de buenos clientes.

Como de costumbre, después de la puesta en situación (ver párrafo: "Diferentes etapas de una cita"), explicaba el antecedente de mi empresa, sus calidades, su seriedad, así que su estabilidad. Sabía que esas personas estaban interesadas por un programa inicial de pequeña amplitud, en fin de empezar una relación de confianza con la empresa.

En mi carpeta llevaba un programa que una pareja había anulado, solo me quedaban dos días para revenderlo, sino hubiera caído entre las manos de otros comerciales. Se trataba de un programa en una residencia donde no quedaba disponibilidad, pues raro. Entonces empecé a presentarles el programa que me habían comentado.

Muchos pensaran que hubiera empezado mejor con el programa que quería vender, pero el hecho es que pienso que hay que atraer al cliente hacia sí, sin empujón. Esas personas tenían sed de informaciones sobre el proyecto y sobre la línea del invierto, tenía que saciar esa sed en fin de poder presentar y desarrollar el invierto de mi elección.

Después de haber presentado el pequeño programa (lo llamaré así), presentare un programa mucho más importante apoyando el hecho que el precio era por cierto un aspecto importante, pero que la rentabilidad lo era más aún. Al final de la fase de introducción, había entendido que esas personas querían hacer un invierto inmobiliario en fin de obtener una plusvalía dentro de 15 años.

Aquí tenía un triunfo que jugar con el lote que quería vender, el de obtener una plusvalía muy importante y la facilidad de reventa.
Aquí tenía un triunfo que jugar con el lote que quería vender, el de obtener una plusvalía muy importante y la facilidad de reventa.

Entonces presente dos proyectos: uno con un coste bajo, pues una rentabilidad baja y una pequeña plusvalía y otro más caro pero con mejores perspectivas. Cuando comprendí que efectivamente las personas adherían a mis explicaciones, empecé a presentar mi programa como si fuese algo más. Lo presente hasta el más pequeño detalle (pocos cálculos pero sueños), haciéndole casi imaginarse vivir en ello, y también haciéndole ver como aconsejador y casi amigo, mi convicción en el invierto.

La diferencia entre el proyecto el más caro y el mío era casi inexistente, pues mi proyecto se basaba en el mismo orden de precio. Entonces tenía que posicionarlos entre dos proyectos del mismo orden de precio, en realidad la diferencia se jugaba en la fecha de explotación, pues de remuneración. Mi proyecto hubiera empezado tres meses antes del otro. Ese tiempo mínimo se acentúa según las palabras utilizadas por el vendedor, tres meses se han vuelto en eternidad.

En cambio, les dije que solo quedaba un lote, poniendo así en marcha el efecto penuria.

No pienso que era inocente llevar la entrevista en un lugar público y privilegiado, esas personas necesitaban sentirse diferentes.

Es frecuente que un cliente de tipología Amarilla le dé cita en un lugar público, lo que facilita su enfoque sobre la puesta en marcha de la negociación. Por mi parte, había activado el efecto penuria a lo extremo, además sabia que esa tipología podía firmar a la primera cita con los diferentes sistemas propuestos en el libro. Entonces utilice mis conocimientos del tema, al termino de nuestra entrevista, había conseguido hacer firmar el lote que quería revender, a pesar de que el precio fuese dos veces más elevado que lo mis clientes habían previsto al principio.

Caso práctico: tipología Verde

Reconocerá muy rápidamente ese perfil; mi negociación y mis entrevistas con ese cliente corresponden con un 100% a un caso de enseñanza.

Ese cliente había pedido informaciones a mi empresa a través de un cupón- respuesta, como se situaba en mi zona geográfica de trabajo, me tocó tratar con él. ¡Qué felicidad! Si sinceramente era una felicidad tratar con un perfil tan materializado en una persona, era una real suerte para mis investigaciones.

La cogida de cita se hizo con gran facilidad (por supuesto, utilizando ese sistema, muchos de ustedes pensaran que efectivamente la cita es fácil de coger, porque es el cliente quien ha pedido informaciones. Desgraciadamente no es siempre tan fácil. Muchas personas piden informaciones sin dar curso a la demanda). Entonces el cliente me dio cita y por teléfono, me dijo que tenía que ir a su casa, sus hijos no estaban, contándome dos o tres detalles bastantes personales, me permitió posicionarlo inmediatamente en el polo Sur.

Llegando a su casa, enseguida me propuso instalarme a mis anchas, me pregunto si había hecho buen viaje y insistió para que me tome algo (estábamos en pleno verano). Empecé a iniciar mi "rompe-hielo" a pesar de que en realidad la persona lo había empezado ya antes, y le pregunte donde se iba a realizar la entrevista (la diferencia neta entre el polo Sur y el polo Norte, es que el polo Norte acaba rápidamente con "el rompe-hielo" mientras el polo Sur se eterniza, pues le toca a usted dominar la entrevista y acabar esa fase).

Le seguí en un comedor muy grande donde había una magnifica chimenea, desgraciadamente escondida detrás de no sé cuantos armarios, carpetas, etc. De cierto modo era un real deposito. La persona se disculpo por las molestias diciéndome que su hija se había mudado y que le guardaba todos sus muebles hasta que encuentre un nuevo apartamiento.

Le pedí ensenarme los documentos enviados por mi empresa y, aquí, empezó a buscar en su montón de papeles diciéndome : " ¡Estoy seguro de haberlos puesto aquí! ¡Tiene que ser mi hija quien los ha desplazado!". Al final, conseguimos encontrarlos. Mientras tanto había empezado mi introducción, y pues, con los documentos podía iniciar mi desarrolló.

Aquí es inútil comunicarle mi entrevista completa porque generalmente es bastante largo tratar con esa tipología.

Veremos juntos los puntos esenciales para el reconocimiento de esta tipología. Es una persona indecisa quien mezcla las financias y el sueño.

Visto mi conocimiento por esa tipología, tengo el cuidado de no presentarle demasiados proyectos porque cojo el riesgo que aumente la indecisión y, incito al cliente en "hacer una elección".

Le recuerdo que para un cliente de esa tipología, la elección es siempre difícil, muy a menudo preferirá no hacer nada en vez de equivocarse. Entonces elijo por él entre dos proyectos, en fin de poder hacer serenamente bases de cálculos.

Lo que me esperaba llegó: la persona que ahora confiaba en mí, me saco todas sus cuentas bancarias y sus libretas (muchos de ustedes pensaran: ¡Qué suerte de tener a un cliente así!", pero en realidad las dificultadas comenzaban).

Escrutando sus cuentas, me doy cuenta de que uno de los proyectos no se concretizara nunca, simplemente porque la persona quiere pagar al contado y que a la hora de hoy no tiene la suma total, porque excluyo algunos seguros de vida que deberían entrar en el capital de aquí a unos meses (a lo mejor mas), y como soy un comercial quien prefiere comer el huevo ahora antes de comer la gallina mañana, pues opto basarme en la disponibilidad financiera del instante presente.

Aquí es donde empieza la gran dificultad, porque imagínese diciendo a esa persona que el proyecto no es viable: el efecto penuria coge su forma y ese hermoso proyecto se convierte en su solo y único interés. La gran dificultad, en ese momento, es de conservar el efecto penuria y de trasladarlo en un proyecto; es cuando para lograrlo, tuve que poner en marcha mi talento de vendedor.

El final de nuestra entrevista se concluyo con la cogida de una segunda cita (en cambio, si tiene todas las cartas en mano es decir todos los documentos para que su cliente firme, no vacile porque con esa tipología puede obtener un firma de contrato a la primera entrevista. Porque nunca está seguro de tener una segunda cita: ese cliente tiende a anular muy fácilmente). Por mi parte, era imposible que el cliente firme el contrato a la primera cita, porque no estaba seguro de la disponibilidad del lote propuesto, y todavía no tenía el contrato apropiado.

De vuelta a mi despacho, antes de la segunda cita, hice un análisis sobre las finanzas de mi cliente; visto que quería pagar al contado, excluí el crédito. Para hacer ese tipo de invierto, tenía que hacer un cálculo muy preciso para que pueda invertir, pero también para que pueda quedarle una reserva de ahorro en fin de evitar cualquiera objeción en el escrutinio de sus cuentas. Entonces, elegí por él un lote que había vuelto a la venta y con un precio que correspondía perfectamente a mis cálculos.

A la segunda cita, como me lo esperaba, la persona volvió a manifestar su interés por el proyecto el más caro. Le digo que me lo esperaba porque es una reacción típica de esa tipología: "volver a ver, sin parar ciertos puntos". Entonces ya había preparado mi intervención para que el cliente firme el contrato que había previsto para el. Termine mi segunda cita, que sin embargo duro tres horas, con mi contrato firmado en mi carpeta. Pero ¡Cuidado! Nada estaba terminado todavía.

Los clientes de esa tipología no consiguen hacer una elección, y cuando lo hacen, se lo piensan mucho, lo que generalmente lleva a una anulación durante los días que siguen la firma del contrato.

Para evitarlo, debe contactar con el cliente al día siguiente, o como máximo dos días después de la firma del contrato, con una banal escusa de tipo:

"Señor X, le mandaré una copia del contrato". Esa corta conversación telefónica servirá para volver a dar confianza a su cliente.

¡Cuidado! No está terminado. Después de más o menos cuatro o cinco días después, debe volver a llamarlo para saber si ha recibido las copias; después de esa intervención la curva de interés se mantendrá estable, pues habrá evitado una posible anulación (desgraciadamente, a veces a pesar de esas dos intervenciones, los destrozos son posibles).

Mi caso no falló a esa regla. Iré hasta más lejos: después de mis dos llamadas, el cliente me volvió a llamar un día después diciéndome que si no venía a verle al día siguiente, mandaría un correo de anulación. Sentí a través de su voz, el temor a un nuevo proyecto. Lo tranquilicé diciendo que estaría a su casa al día siguiente antes de las once de la mañana.

Entonces, el día siguiente, a nuestra tercera cita, discutimos más o menos un cuarto de hora sobre el proyecto y su validez, y hora y media sobre sus problemas familiares.

¡Sí! Con esa tipología puede encontrarse con otro problema, una vez que le haya adoptado como aconsejador y confidente, siempre le necesitará; entonces se puede que vuelva a tener otras entrevistas con su cliente después de la firma del contrato. A pesar de que tome a pecho su contrato (con su comisión de venta), conviene seguir con esas entrevistas a lo menos hasta la firma final del contrato.

Tuve que administrar sus finanzas, pues ayudarle en hacer todos los correos para los diferentes organismos para que pueda hacer un traslado de su dinero, ayudarle a preparar todos los papeles que le pedía el notario, y al final tomar la cita para la firma con él. Aquí también el cliente quería que le acompañase para ver al notario; conseguí convencerlo que hubiera sido un placer acompañarle pero que me tenía que ir de viaje al extranjero.

Conclusión :
Con ese tipo de clientela, debe ser constantemente el dueño de la entrevista. Recuérdese: debe elegir por él, hacerse su aconsejador. Muy frecuentemente le dirá: "Es usted mi salvador".

Hay que identificar un producto, un lote. Debe conseguir a hacerlo suyo utilizando el instrumento "efecto penuria".
Es muy importante pensar en volver a llamarlo unos días después de la firma del contrato sino anulará la venta.

Caso práctico: tipología Azul

Vi a ese cliente unas diez veces, entre entrevistas comerciales, firmas de contratos y ayuda para la gestión financiera.

Cómo los otros clientes había pedido más información a través de un cupón-respuesta. Durante mi llamada telefónica, para la cogida de la primera cita, enseguida me di cuenta de que la persona era directa y que ya me pedía informaciones sobre las cifras.

Entonces, el posicionamiento de ese cliente era claro: era de tipología Norte; luego tenía que comprender si la persona era más bien Azul o Roja. Comprendí el posicionamiento cuando la persona me pidió de traerle el cálculo completo de la amortización junto con las leyes que se referían a los productos que comercializaba; aquí la duda desapareció, porque solo hay una tipología tan puntiaguda.

La primera cita ocurro en casa del cliente, por la noche, después de su trabajo. Había traído los documentos de los productos pero también los de mi empresa, y los de las ventajas fiscales de esa ley.

Recuérdese: a ese cliente sobre todo le gusta la transparencia, los cálculos perfectos, las reglas con un 100% respetadas, la puntualidad, pero también aprecia mucho la seguridad (es el vecino directo de la tipología Verde), no se base en el mejoramiento del mercado futuro, porque ese cliente tiende a ser pesimista pues como mucho podrá haber un mejoramiento de los datos actuales.

Había preparado mi estrategia con un plano que respetar:

- Introducción basada completamente en mi empresa (fuerza del mercado, reputación, productos existentes, cantidad de clientes, etc.).

- Desarrollo basado en dos productos máximo (mismas características que la tipología Verde), repitiendo y explicando escrupulosamente todos los cálculos financieros.

Se lo recuerdo, a esas personas les gustan la precisión. El hecho es que hacen muy pocas preguntas, entonces es a usted de comprender cuales son los puntos que carecen de explicaciones para que al final de su entrevista, todos los interruptores estén en posición ON, porque solo le falta que algunos estén en posición OFF para que su entrevista fracase.

- la conclusión basada en el efecto penuria del programa que habré puesto en evidencia.

Como lo había previsto la fase del "rompe-hielo" ocurrió rápidamente; nos sentamos en el comedor, y en la mesa se podían ver todos los documentos de mi empresa, al lado, un folleto abierto con un bolígrafo encima. No había ningún otro documento encima de la mesa, lo que confirmaba mi opinión sobre la tipología de ese cliente.

Llevaba mi entrevista como lo había previsto, pues esencialmente basada en los cálculos, y de vez en cuando, hacia unos pasos atrás en fin de volver a dar explicaciones para que todas las preguntas estén enteradas.
La primera entrevista se desarrolló como me lo imaginaba; durante la fase de conclusión, con normalidad cogí mi agenda, para apuntar la próxima cita. Cuando le pregunte la fecha de la próxima cita (como me lo había imaginado), me contesto: "Primero tengo que pensármelo". (Ver capítulo de las objeciones). La diferencia con un cliente de tipología Verde quien utiliza esa objeción para alejarle, es que el cliente de tipología Azul debe

realmente reflexionar, porque tiene que poner en orden todas sus explicaciones como si formaran parte de una hoja de cálculo. No es raro de parte de un cliente de esa tipología escuchar: "voy a poner todos esos datos en una hoja de cálculo Excel".

Volvamos al tema. Pues al cliente, quien me dice que tiene que pensárselo, le respondo que es normal que se lo piense, pero que no impide tomar una segunda cita. Entonces acepta fijar una fecha, precisándome, que durante la próxima cita, le gustaría que le trajera documentos suplementarios de los productos elegidos.

A la segunda cita, de nuevo hicimos cálculos de rentabilidad para cada proyecto en fin de poder clasificarlos. Tomemos una tercera cita para que tenga el tiempo de leer el contrato correspondiente al proyecto elegido.

Puede notar que sin embargo se han necesitado dos citas para poder dirigirse a un proyecto en cuanto a todos los criterios financieros; lo que puede hacer en una cita con otras tipologías, con esa tipología lo hará en dos citas.

Estará seguro de que con ese tipo de clientela, tres o cuatro citas para una firma, no es sinónimo "de estar liado", pero es simplemente su forma de trabajar, porque cada cifra tiene que estar analizada y con tiempo.

La tercera cita fue anticipada y ocurrió en su lugar de trabajo. A pesar de que para ese tipo de clientela, era típico, la precipitación se hizo a mi demanda.

¿Por qué utilice ese método? La respuesta es muy simple: durante nuestra segunda cita, utilice el instrumento de la penuria, pues ese efecto tenía que ser creíble. Además noté que en su casa se sentía sereno pues protegido. Entonces tenía que hacer una abertura de vulnerabilidad para poder utilizar "el instrumento de la presión".

Cuando avise a mi cliente de ese cambio, evidentemente su primera reacción fue quedarse con la primera cita tomada, que hubiera ocurrido a su casa dos días más tarde. Puse de lado mi temor al no; le dije que podía reservar el lote que habíamos elegido juntos, como máximo hasta el medio día del día siguiente.

Como el efecto penuria estaba al tope, aceptó verme a medio día a su lugar de trabajo. Como convenido, al día siguiente me presente unos minutos antes al lugar de la cita (recordarse: esas personas odian a la gente que llega con retraso, para ellos la puntualidad es una obligación). Me recibió en el comedor de la empresa.

Aquí, sin discutir mucho, le saco el contrato, enseñándole los campos que rellenar con las diferentes firmas. Me pregunta, como me lo esperaba, si aún podemos ver dos o tres parámetros, lo que le respondo que ya hemos dado la vuelta de todos los parámetros y que ahora es el momento de firmar. Ahora, le enseño de nuevo los campos que debe rellenar y adopto la estrategia del silencio.

En ese juego la presión es extrema, utilizando la estrategia del silencio, le confío la responsabilidad de hablar (recuérdese, la tipología Azul, no hace muchas preguntas a pesar de que espere todas las respuestas). Adaptando esa estrategia es como si lo invitaría a hablar, y, está claro, prefiere escribir.

Como convenido, me fui con el contrato en la carpeta; pero sabía que mi trabajo con ese cliente no estaba terminado, porque como para la tipología Verde, necesitaba apoyo para cada paso del proyecto. La diferencia con la tipología Verde es que generalmente, no anula una reservación ni una compra una vez el contrato firmado.

Volví a ver a ese cliente cuatro veces más después de nuestra cita, y siempre para ayudarle en la gestión financiera, hasta el día que conseguí convencerlo de elegir una oferta bancaria y de aceptarla con urgencia antes de que expire la oferta.

Conclusión :
Espérese tener varias citas con esos clientes; no le lían, simplemente son sus características. Analizan en profundidad todos los puntos.

Tenga todos los detalles preparados. Frente a ese tipo de clientela tiene que ser un aconsejador, un real profesional, sino se irá sin haber obtenido nada. Son gente pesimista. Recuérdese que solo confían en gente quien sabe lo que dice.

Ultimo consejo: siempre llegar a la hora.

Epilogo

Lo ha comprendido, "vendedor(a)" es una maravillosa profesión, por poco que seamos "bueno"; aquí tiene una verdadera definición de realidad, porque un "buen vendedor" no podrá decir otra cosa que su profesión es la mejor del mundo, cuando un vendedor con un rendimiento en baja dirá seguramente que la profesión se pone difícil, y que los tiempos han cambiado, que estamos en crisis, etc.

En realidad, no cambia nada en la venta a parte de "las temporadas". Aquí, efectivamente tenemos que adaptarnos, es por eso que hay que formarse continuamente en fin de mejorarse constantemente y sobre todo volver a ser tónico (recargar las baterías).

Las empresas que no ofrecen ninguna formación y que no instalan un sistema de coaching comercial, pensando que un comercial, o es bueno, o no vale nada, encontrarán la mayor parte de su fuerza de venta en la parte intermedia de la espiral, y, cuando sus efectivos empezarían a estar en baja de rendimiento, no comprenderán lo que les ocurre. Como si estuvieran ausente durante la fase cuando los comerciales, silenciosos, gritaban: "Help Us".

Lo ha leído, a lo largo del libro, vuelvo a tratar constantemente de las tipologías de los clientes, espero que haya comprendido su importancia en los métodos de venta actuales.

Atención, no crítico a los otros métodos, más bien constato que a veces están explicados de manera estándar, como si todas las personas se parecieran.

Estoy seguro de que una vez mis consejos adaptados, comprenderá finalmente porque algunos clientes, en los quien pensaba vender, pues con quien pensaba concluir, se han retirado al último momento, o han anulado la venta sin dar ninguna explicación.

Con esa última nota, seguramente me preguntará: "¿Qué hay que hacer, una vez la venta perdida?"

El hecho es que la pérdida de un contrato, si ha tenido el conocimiento necesario, puede ayudarle a corregir sus defectos y entonces ayudarle a dar un paso adelante hacia mejores resultados.

Gracias por su lectura y su confianza

Antonio Carrozza

www.ingramcontent.com/pod-product-compliance
Lightning Source LLC
Chambersburg PA
CBHW031808190326
41518CB00006B/249